महापुरुष श्रीमन्त शंकरदेव कृत

रुक्मिणी-हरण नाट

महापुरुष श्रीमन्त शंकरदेव कृत

रुक्मिणी-हरण नाट

सम्पादन एवं अनुवाद

डॉ. रीतामणि वैश्य

वाणी प्रकाशन

वाणी प्रकाशन

4695, 21-ए, दरियागंज, नयी दिल्ली 110 002

फ़ोन : +91 11 23273167 फ़ैक्स : +91 11 23275710

शाखाएँ

अशोक राजपथ, पटना 800 004, बिहार

कॉफ़ी हाउस कैम्पस, महात्मा गांधी मार्ग, इलाहाबाद 211 001, उत्तर प्रदेश

महात्मा गांधी अन्तरराष्ट्रीय हिन्दी विश्वविद्यालय, वर्धा 442 001, महाराष्ट्र

सुल्तानिया रोड, मोतिया पार्क, भोपाल 462 001, मध्य प्रदेश

www.vaniprakashan.com
marketing@vaniprakashan.in
sales@vaniprakashan.in

Mahapurush Shrimant Shankardev Krit
Rukmini-Haran Nat
Edited & Translated by Dr. Ritamoni Baishya

ISBN : 978-93-90678-77-8
Play

प्रथम संस्करण 2022

मूल्य : ₹ 199

आर. टेक ऑफ़सेट प्रिंटर्स, दिल्ली-110032 में मुद्रित

वाणी प्रकाशन का लोगो मक़बूल फ़िदा हुसेन की कूची से

आमुख

महापुरुष श्रीमन्त शंकरदेव असम के सर्वकाल के सर्ववृहत व्यक्तित्व रहे हैं। आपने भक्ति आन्दोलन के समय प्रचुर मात्रा में साहित्य की रचना की। आप असमीया भाषा के प्रथम गद्यकार हैं। उत्तर भारत की आंचलिक भाषा में नाट रचने का श्रेय भी उन्हीं को जाता है। आपने 'एक शरणीया हरि नाम धर्म' के प्रचार के लिए नाट को प्रमुख माध्यम बनाया। सामाजिक दायित्व, धार्मिक आवश्यकता एवं साहित्यिक प्रतिभा की दृष्टि से शंकरदेव के नाट अक्षय गौरव के अधिकारी हैं। आप असमीया साहित्य, भाषा, समाज एवं संस्कृति के जनक हैं। भक्तिकाल के सूरदास, तुलसीदास, कबीरदास आदि महान भक्तों एवं सन्तों की तरह ही आपने समाज को संस्कार की वाणी दी, पतित समाज का उद्धार किया, आमजन को भक्तिरस में आप्लुत किया। साहित्यिक, सांस्कृतिक, सांगीतिक मानदण्ड और संख्या की दृष्टि से शंकरदेव भारत के समस्त भक्त कवियों से श्रेष्ठ हैं। पर खेद का विषय है कि इतना सब होते हुए भी उनके जन्म के छह सौ साल अभी होने वाले हैं और भारतीय भक्तिसाहित्य के महासागर में एक बिन्दु स्थान भी उन्हें नहीं मिला। इतिहासकारों ने भारतीय इतिहास में उदारता से सैकड़ों भक्तों और सन्तों को सादर समादृत किया है। इनमें से किसी के सिर्फ़ फुटकल पद मिलते हैं, किसी का साहित्यिक अवदान बिल्कुल नहीं है, कई–कई तो मन्दिर के व्यवस्थापक या सम्प्रदाय विशेष के संगठक मात्र थे। असमीया भाषा में साहित्यरथी लक्ष्मीनाथ बेजबरुआ, पण्डित वाणीकान्त काकति, पण्डित डिम्बेश्वर नेओग, पण्डित महेश्वर नेओग, नगेन शइकीया, डॉ. नवीन शर्मा जैसे विद्वानों ने श्रीमन्त शंकरदेव पर विस्तार से विचार किया है। पर दूसरी भाषाओं में शंकरदेव पर इतने कम काम हुए हैं कि उनके साथ न्याय नहीं हो पाया है। हिन्दी भाषा में कृष्णनारायण प्रसाद 'मागध',

बापचन्द्र महन्त जैसे विद्वानों ने उनकी रचनाओं पर ग्रन्थों की रचना कर उन्हें सर्वभारतीय स्तर पर ले जाने का सराहनीय काम किया है। इसी परम्परा को आगे ले जाने का यह एक प्रयास–भर है। शंकरदेव के छह नाटों में अन्यतम है 'रुक्मिणी–हरण नाट'। प्रस्तुत नाट पर एक विहंगम दृष्टि डालने का प्रयास यहाँ हुआ है। साथ ही नाट का हिन्दी लिप्यन्तरण के साथ रूपान्तरण भी किया गया है।

शंकरदेव की रचनाओं के कई संकलन मिलते हैं। कालिराम मेधि द्वारा सम्पादित 'अंकावली' के आधार पर यह लिप्यन्तरण और अनुवाद किया गया है। प्रस्तुत नाट के सन्दर्भ में 'अंकावली' में कहा गया है कि नाट का यह रूप हिस्टोरिकल एंड एंटीक्वैरियन स्टडी में रक्षित एक प्राचीन पोथी (तिथि अज्ञात), नगाँव का कंसपार के सत्राधिकार से मिली एक प्राचीन पोथी (तिथि अज्ञात), नगाँव के उलुबारी सत्र में मिली एक नक़ल पोथी (तिथि अज्ञात) और कामरूप के समरीया सत्र में रक्षित एक पोथी के आधार पर रखा गया है। वर्ण–विन्यास समरीया पोथी के आधार पर रखा गया है। यहाँ इस सन्दर्भ को स्पष्ट करने का कारण यह है कि ग्रन्थ भेद से रुक्मिणी–हरण की कथा में एक बदलाव देखा जाता है। 'रुक्मिणी–हरण नाट' की कथा में देवकी का एक प्रसंग भी कुछ संकलनों में पाया जाता है। कृष्ण को अकेले कुण्डिन के लिए जाते देखकर देवकी का मातृहृदय अधीर हो उठता है। उन्हें कृष्ण के जीवन को लेकर शंका होती है। क्योंकि कृष्ण अकेले गये हैं और वहाँ कई राजा कृष्ण से युद्ध करने के लिए तैयार हैं। देवकी के कहने पर बलभद्र, गद, सात्वकी कृष्ण की सहायता के लिए कुण्डिन आते हैं। रास्ते में कृष्ण उन्हें दूसरे राजाओं से युद्ध करते हुए मिलते हैं। वे भी रुक्मवीर तथा अन्य राजाओं के साथ लड़कर अपनी वीरता का परिचय देते हैं और वे युद्ध में विजयी होते हैं। 'रुक्मिणी–हरण नाट' का यह प्रसंग शंकरदेव के मूल नाट में संयोजित था या परवर्ती काल में वह संयोजन किया गया है, उसको लेकर विद्वानों में मतभेद है। कालिराम मेधि ने कई प्राचीन ग्रन्थों के हवाले से 'रुक्मिणी –हरण नाट' का यह रूप 'अंकावली' में संकलित किया है। इसीलिए इसी रूप को ग्रहण करना हमें भी उपयुक्त लगा।

सहृदय पाठक इस ग्रन्थ को अगर ग्रहण करते हैं, तो हमारा प्रयास सार्थक होगा।

–रीतामणि वैश्य
गौहाटी विश्वविद्यालय

अनुक्रम

भूमिका

रुक्मिणी–हरण : एक अंकीया नाट

शंकरदेव असमीया नाट्य–साहित्य के जनक हैं। असमीया नाट्य साहित्य वैष्णव आन्दोलन की परिणति है। शंकरपूर्व युग में नाट के लिखित रूप के होने का तथ्य नहीं मिलता है। पर नाटकीय विशेषताओं से युक्त 'ओजापालि' और 'पुतला नाच' (गुड़िया नृत्य) आदि का प्रचलन था। आपने संस्कृत नाट और प्राचीन असमीया ओजापालि अनुष्ठान के आधार पर एक अंकयुक्त छह नाटों की रचना की। पर इन नाटों पर दक्षिण भारत के कर्नाटक के लोक–नृत्यानुष्ठान यक्षगान का प्रभाव होने की सम्भावना को अस्वीकार नहीं किया जा सकता। शंकरदेव तीर्थभ्रमण करते हुए उड़ीसा में लम्बे समय तक रहे थे। उड़ीसा की संस्कृति पर दक्षिण भारत की संस्कृति का गहरा प्रभाव है। उड़ीसा में यक्षगान जैसे नृत्यानुष्ठान से शंकरदेव परिचित हुए थे। उनसे अपने नाट की रचना करने में उन्हें प्रेरणा मिली थी। एक अंक के होने के कारण इन्हें 'अंकीया नाट' भी कहते हैं। शंकरदेव ने इन नाटों को अंकीया नाट नहीं कहा है। आपने इन्हें नाट, नाटक, यात्रा और नृत्य ही कहा है। शंकरदेव और माधवदेव के नाटों को विशेष मर्यादा प्रदान करते हुए और दूसरे नाटों से उनका भेद दर्शाते हुए उनके नाटों को 'अंकीया नाट' कहा गया है। वैष्णव धर्म के प्रचार के लिए शंकरदेव ने नाटों की रचना की थी। ये नाट सत्र, नामघर आदि में अभिनीत हुए थे। धर्म के प्रचार में इन नाटों ने महत्वपूर्ण भूमिका निभाई थी। आपके द्वारा प्रणीत नाटों के नाम हैं–'पत्नीप्रसाद', 'कालिदमन', 'केलिगोपाल', 'रुक्मिणी–हरण', 'पारिजात–हरण' और 'रामबिजय'। इन नाटों की रचना करने से पहले शंकरदेव द्वारा 'चिह्न यात्रा' नाम से एक नाट लिखा गया था और इस नाट का अभिनय भी हुआ था।

पर यह प्रतीक अर्थात चिह्न से किया गया अभिनय था। यह नाट लिखित रूप में अब तक नहीं मिला है। सम्भव है कि यह नाट संवादहीन था। आख्यान न होने या लिखित रूप न होने के कारण इसके पुनः अभिनय में बाधा आती थी। इसीलिए शंकरदेव ने आख्यान एवं संवादयुक्त नाट लिखे थे। आपने बेलगुरि में 'पत्नीप्रसाद' की रचना की, 'कालिदमन', 'केलिगोपाल', 'रुक्मिणी–हरण', 'पारिजात–हरण' पातबाउसी में लिखे गये और 'रामबिजय' आपने कोचबिहार में लिखा था।

अंकीया नाटों में कुछ विशेषताएँ मिलती हैं। सूत्रधार का प्राधान्य, गीत–श्लोक और पयार का प्रयोग, ब्रजावली भाषा का प्रयोग, संस्कृत रूपक के साथ इसकी समता आदि इनकी प्रधान विशेषताएँ हैं। यहाँ संस्कृत रूपकों की तरह पूर्वरंग, नांदी श्लोक, प्ररोचना, प्रस्तावना, गीत की प्रधानता, सूत्रधार, रस, मुक्तिमंगल भटिमा और भरत वाक्यों के संयोजन से ये नाट संस्कृत रूपकों के निकट आ जाते हैं।

कथानक की दृष्टि से रुक्मिणी–हरण

शंकरदेव द्वारा रचित नाटों में 'रुक्मिणी–हरण' नाट उनकी एक अन्यतम रचना है। विद्वानों का अनुमान है कि 'रुक्मिणी–हरण' नाट की रचना का समय 1560 ई. के आसपास है। इस नाट के ज़रिये शंकरदेव ने भक्ति की महिमा की प्रतिष्ठा की है।

कुण्डिन राज्य के राजा भीष्मक की एक अनुपम सुन्दरी कन्या थी, जिसका नाम था रुक्मिणी। रुक्मवीर भीष्मक का पुत्र और रुक्मिणी का बड़ा भाई है। एक दिन सुरभि नाम का एक भिक्षुक रुक्मिणी के रूप–लावण्य के बारे में द्वारका के अधिपति श्रीकृष्ण को सूचित करते हुए कहता है कि अगर वह राजकुमारी कृष्ण की गृहलक्ष्मी बनती है, तभी कृष्ण का गार्हस्थ्य जीवन सफल होगा। भाट से रुक्मिणी के रूप–गुण की कथा सुनकर कृष्ण के मन में रुक्मिणी के प्रति अनुराग उत्पन्न होता है और वे दिन–रात रुक्मिणी का ही ध्यान करने लगते हैं। उसी तरह द्वारका से हरिदास नाम का एक भिक्षुक भाट कुण्डिन पहुँचकर कृष्ण की गुण–गरिमा की कथा रुक्मिणी के सामने कहता है, इससे रुक्मिणी भी कृष्ण के प्रति आकर्षण का अनुभव करती हैं। इस तरह दोनों भिक्षुक रुक्मिणी और कृष्ण के मन में पूर्वराग उत्पन्न करते हैं।

इधर राजा भीष्मक और रानी शशिप्रभा अपने सगे–सम्बन्धियों के साथ उपदेश करते हुए कन्या रुक्मिणी का विवाह कृष्ण से करने का निर्णय लेते हैं। सबका यही मत होता है कि रुक्मिणी के लिए कृष्ण से और दूसरा उपयुक्त वर हो ही नहीं सकता। परिवार के इस निर्णय से रुक्मवीर असहमति प्रकट करता है। क्योंकि वह चेदिराज शिशुपाल से अपनी भगिनी का विवाह करवाना चाहता है। उसकी दृष्टि में कृष्ण अनाचारी हैं, उन्होंने गोवध, स्त्रीवध, मातुलवध जैसे कितने ही पाप कर्म किये हैं! वे किसी भी तरह उसके परिवार से वैवाहिक सम्बन्ध बनाने के योग्य नहीं हो सकते रुक्मिणी के लिए शिशुपाल ही श्रेष्ठ वर है। वृद्ध राजा जवान पुत्र के सामने लाचार होते हैं और पुत्र की इच्छा के अनुसार शिशुपाल से पुत्री का विवाह करने के लिए स्वयंवर के आयोजन की अनुमति प्रदान करते हैं। रुक्मिणी की सखी मदनमंजरी को इस नये निर्णय का पता चलता है और वह तुरन्त इसकी ख़बर रुक्मिणी को देती है। इस अचानक आयी विपत्ति से रुक्मिणी मूर्च्छित हो जाती है। सखियों के प्रयत्न से उसे चेतना आती है। वह बार–बार कृष्ण का नाम ले–लेकर रोती है। वह अपने भाई की भर्त्सना करती है। वह चारों ओर अन्धकार देखती है। अन्त में उसे ब्राह्मण वेदनिधि का स्मरण होता है। वह वेदनिधि को बुलाकर उन्हें अपने दुख की कहानी सुनाती है। रुक्मिणी वेदनिधि से कृष्ण तक सन्देश पहुँचाने के लिए द्वारकापुरी जाने का आग्रह करती है। वेदनिधि रुक्मिणी के आग्रह को स्वीकार कर द्वारका जाकर कृष्ण को अपने साथ ले आने का वचन देते हैं। रुक्मिणी कृष्ण के लिए एक प्रेमपत्र वेदनिधि के हाथों भेजती है, कृष्ण के प्रति उसके मन की भक्ति और प्रेम का सागर उकेर देती है।

द्वारका में कृष्ण ने वेदनिधि का यथारीति सम्मान किया। वेदनिधि ने कृष्ण के सामने रुक्मिणी के मन की दशा के बारे में बताया और कृष्ण के आग्रह से रुक्मिणी का पत्र पढ़कर सुनाया। पत्र में रुक्मिणी ने शिशुपाल के साथ आयोजित विवाह के अगले दिन भवानी के मन्दिर से उसके हरण का अनुरोध किया था। वेदनिधि ने कृष्ण को कुण्डिन जाकर रुक्मिणी का उद्धार करने का उपदेश दिया। वेदनिधि के साथ कृष्ण रथ पर चढ़कर कुण्डिन के लिए रवाना होते हैं। कृष्ण के रथ की गति इतनी तेज़ थी कि वेदनिधि के लिए उसे सह पाना सम्भव नहीं हो पाया और वे मूर्च्छित हो गये। कृष्ण के प्रयत्न से उन्हें चेतना आती है। वे भगवान कृष्ण की

प्रशंसा करते हैं और फिर उनकी यात्रा शुरू होती है। इधर कुण्डिन में रुक्मिणी–शिशुपाल के विवाह की तैयारी सम्पन्न होती है। राजसभा में रुक्मिणी के रूप से सारे राजा कामभाव में जर्जरित होते हैं। रुक्मिणी सखियों के साथ उन राजाओं की भर्त्सना करती है। वही कृष्ण सब राजाओं के सामने से रुक्मिणी का हरण कर ले जाते हैं। शिशुपाल उनका पीछा करता है, कृष्ण से युद्ध करता है और बुरी तरह पराजित होता है। इस पर राजकुमार रुक्मवीर कृष्ण से युद्ध कर रुक्मिणी को वापस ले आने का संकल्प लेता है। वह भी कृष्ण के हाथों हारकर अपमानित होता है। रुक्मिणी के कातर अनुरोध पर कृष्ण उसको प्राणों की भीख देते हैं।

इधर कृष्ण के रुक्मिणी के साथ द्वारका में उपस्थित होने पर माता देवकी वर–वधू को आशीर्वाद देती हैं। द्वारका में ही रुक्मिणी–कृष्ण का विवाह सम्पन्न होता है। राजा भीष्मक अपने हाथों से कन्यादान करने के लिए द्वारका पहुँचते हैं। ब्रह्मा पुत्र नारद सहित होम का काम सम्पन्न करने आते हैं। मुखचन्द्रिका के समय रुक्मिणी का अपूर्व सौन्दर्य देखकर काम भाव से ग्रस्त होकर ब्रह्मा मूर्च्छित हो जाते हैं। नारद उनकी चेतना लाने का प्रयत्न करते हैं। चेतना लाभ करने पर ब्रह्मा हाथ में श्रुव पकड़कर होम का काम करते हैं। इस तरह ब्रह्मा, इन्द्र, वासुकी आदि देवताओं की उपस्थिति में रुक्मिणी–कृष्ण का विवाह कार्य सम्पन्न होता है।

रुक्मिणी–हरण में शंकरदेव की मौलिकता

रामराय के अनुरोध से शंकरदेव ने 'रुक्मिणी–हरण नाट' की रचना और अभिनय किया था। नाट में आपने स्वयं कहा है–

श्रीराम राया हरि रस पाया :
भकति रसिक सुजाना।
केशव चरन सरोरुह किंकर :
संकर हरिगुन गान।।

'रुक्मिणी–हरण नाट' के दूसरे प्रसंग में आपने पुनः इस बात की आवृत्ति की है–

श्रीराम राया भकति सुजान।
करावत कृष्ण नाट निरमान।।

शंकरदेव ने इस कृति को समस्त नाटों से श्रेष्ठ घोषित किया है–

रुकुनि हरन नाम परधान।
कृष्ण किंकर ओहि संकर भान।।

शंकरदेव ने रुक्मिणी–हरण की कथा पर दो ग्रन्थों का प्रणयन किया–'रुक्मिणी–हरण काव्य' और 'रुक्मिणी–हरण नाट'। आपने भागवत पुराण और हरिवंश के आधार पर 'रुक्मिणी–हरण काव्य' की रचना की थी। आपने कहा है–

एके हरिवंश कथा अमृत साक्षात।
आरो भागवत कथा मिश्र दिलो तात।।
दुयो कथा पद बन्धे करो मिसलाइ।
येन मधुमिश्र दुग्ध स्वाद आति पाय।।

(हाजरिका 2013:796)

भावार्थ–हरिवंश की कथा अमृत समान है। उसमें भागवत की कथा का मिश्रण किया गया है। दोनों की कथा को मिलाकर पद लिखे गये हैं। यह मिश्रण शहद मिश्रित दूध की तरह अति स्वादिष्ट बन पड़ा है।

'रुक्मिणी–हरण नाट' 'रुक्मिणी–हरण काव्य' का संक्षिप्त नाट्य रूप है। अतः यह सहज अनुमेय है कि इस नाट में 'भागवत पुराण' और 'हरिवंश' का स्पष्ट प्रभाव है।

'रुक्मिणी–हरण नाट' की कथावस्तु में शंकरदेव ने आंचलिकता का पुट चढ़ाया है। श्रीमद्भागवत महापुराण में रुक्मिणी के द्वारा कृष्ण को पत्र भेजने का प्रसंग नहीं मिलता है। इसी तरह भाई रुक्मवीर की भर्त्सना भी मूल में नहीं मिलती। रथ की तीव्र गति से वेदनिधि का मूर्च्छित हो जाना,स्वयंवर में कामुक राजाओं को रुक्मिणी की सखियों द्वारा लट्ठ मारना, रुक्मिणी–कृष्ण के विवाह के समय रुक्मिणी के अद्‌भुत रूप–लावण्य को देख ब्रह्मा का मूर्च्छित हो जाना, विवाह में कन्यादान के लिए राजा भीष्मक का पहुँचना आदि कुछ ऐसे ही प्रसंग हैं, जिनका मूल में उल्लेख नहीं मिलता। श्रीमद्भागवत में कृष्ण रुक्मिणी का हरण

भवानी के मन्दिर से करते हैं। नाट में शंकरदेव ने रुक्मिणी का हरण राजसभा से करवाया है। विवाह के रीति–रिवाजों में असमीया समाज की झलक मिलती है।

चरित्र–योजना में भी शंकरदेव ने अपनी मौलिक प्रतिभा का परिचय दिया है। सुरभि और हरिदास भाट, मदनमंजरी और लीलावती, शशिप्रभा और वेदनिधि का नामकरण उनके आचरण के अनुकूल किया गया है। कृष्ण और रुक्मिणी को मूल कृति से अधिक सजीव रूप में चित्रित किया गया है।

रुक्मिणी–हरण की रस–योजना

रस–योजना की दृष्टि से शंकरदेव की रचनाओं का अध्ययन बहुत कम हुआ है या कहें कि हुआ ही नहीं है। शंकरदेव के विराट भक्त रूप के सामने उनका कवि रूप कभी स्पष्ट ही नहीं हो पाया। भक्ति रस संवलित उनकी रचनाओं को सत्रों एवं नामघरों में ही समेटकर रख दिया गया। इससे शंकरदेव के साहित्य का उचित मूल्यांकन नहीं हो पाया है, ऐसा हमारा अनुभव है। शंकरदेव ने टोल में केवल व्यंजन वर्ण की शिक्षा लेकर एक मात्राविहीन कविता लिखकर अद्‌भुत काव्य प्रतिभा का परिचय दिया था। उनमें कवि प्रतिभा जन्मजात रूप में थी। युगीन परिस्थिति के अनुकूल उन्होंने रचनाओं का विषय चुना। कई विद्वान शंकरदेव की रचनाओं कर रस की दृष्टि से समीक्षा करने के पक्षधर नहीं हैं। उनका तर्क है कि शंकरदेव की रचनाओं का मूल स्वर भक्ति है, इसीलिए अन्य रसों के आधार पर उनके साहित्य का आकलन नहीं करना चाहिए। यह निर्विवाद सत्य है कि शंकरदेव में अद्‌भुत काव्य प्रतिभा थी। उनकी रचनाओं में नव रस का उचित समन्वय हुआ है। इसीलिए हमारे विचार में रस–योजना की दृष्टि से शंकरदेव की रचनाओं का अध्ययन अभी भारतीय साहित्य के क्षेत्र में उर्वर क्षेत्र है।

शंकरदेव जैसे कवि के लिए रसराज शृंगार की उपेक्षा सम्भव नहीं थी। इसीलिए उनकी प्रत्येक रचना में शृंगार रस का अनायास प्रवेश हो जाता है। रुक्मिणी–हरण की ये पंक्तियाँ देखिए–

जगत निवास : श्वास घन फोकारय
चिंतिते रुकमिनि नारि।
कमन उपाय पाइ : पुनु परसन :
दरसन राजकुमारि।।

रुक्मिणी–कृष्ण के मिलन के प्रसंग में शंकरदेव संयोग श्रृंगार की पराकाष्ठा तक पहुँच जाते हैं–

घन घन नयन पंकज मुह हेरि :
हेरि करत कानु केलि।
आलिंगि अंग : अनंग रंग रसिक :
रमनिक भुज मेलि।।
हासि हासि हरसे : हरसे नख परसि :
कुच कांचुलि फोर काने।
पुरल परम : मनोरथ कामिनि :
साधु अधर मधुपाने।।

सौन्दर्य को श्रृंगार का आधार माना जाता है। सौन्दर्य आँखों के मार्ग से दिल में उतरकर प्रेमी के हृदय में श्रृंगार भाव का उद्रेक करता है। इसी सौन्दर्य की महिमा का अनुधावन करते हुए शंकरदेव ने रुक्मिणी और कृष्ण के अपूर्व रूप–सौन्दर्य की योजना की है। रुक्मिणी का सौन्दर्य चित्रण पाठकों को विद्यापति का सहज स्मरण करवाता है–

भीष्मक राजनन्दनि बरबाला।
बाढ़य नव जोनि चांदक काला।।
कि कहब रमनिक रूप प्रचुर।
बयनक पेखि चांद भेलि दूर।।
नयनक पेखि पाय बड़ि लाज।
कयल झाम्प कमल जलमाझ।।
बन्दुलि अधिक अधर करु कान्ति।
ओतिम मोतिम दसनक पाति।।
सुवलित भुजजुग रत्न मोलान।
ऊरु करिकर कटि डंबरुक ठान।।

इसी तरह नाट के विविध प्रसंगों में रसों का सहज समायोजन हुआ है। उनका उदाहरण देखिए–

हास्य रस : *हे बापु : तुहु बा के : हामु बा कुन? किनिमित्त एथा आवलु थिक ।। कृष्ण बिहसि बोल ।। हामु द्वारकार कृष्ण : तुहु बेदनिधि : रुकमिनि पठावल : तन्निमित्त तुहु हामु कुण्डिने चलैचि।*

करुण रस : *हाहा दैव : अभागि रुकमिनिक कपाले कि भेल : बिधिनिक उपरे बिधिनि मिलल : ओहि पापि राजासब बहुत : स्वामिक संगे : सहाय केहु नाहि : हामाक कोन गति हय : इहा नाहि जानु : । हाहा सोनाक पुतलि : श्रीकृष्ण स्वामिक : हामु पापिनि कौचे अनावलु : जोनो काचक चाहिते माणिक हराइ।।*

रौद्र रस :

हाते मुठि धरि रुक्मि कुमार।
कृष्णक हृदये कयलि प्रहार।।
ताहे प्रहारे हासि यदुनाथे।
धरल केस केशव बाम हाते।।
घंटा लाड़ि घार करय मोड़।
रुकमि हृदये माड़ल गोड़।।
पाइ चोट बरि मुरुचित बिर।
कृष्ण धरल खांडा छेदिते सिर।।

वीर रस :

युद्ध देहु यादव यदुराया। गरजे राजा सब आया रे।
धरि हरि सारंग बरिखल बान नृपसब बेधल कायारे।।

पद।। *बारि बारिषा जच अम्बुद बरिखल :*
हरि करु सरक संधान रे।
काहुक बाहु काहु उरु कर काटि :
हृदय बिदारल बान रे।।
बिर सिसुपालक काटल किरिटि :
पालटि पलावल पापि रे।
सब बैरि जिनिये बिजयी यादव :
संकर कह भव तापिरे।।

भयानक रस : राजासबक आटोप टंकार : देखिए सुनिए : महाभये देबि रुकमिनिक : हृदये कम्प मिलल : मुख मलिन भेल : स्वामि श्रीकृष्णक निमिते चिन्तित हुया : नयने निर निगरे : निस्वास फोकारि मने बोल।।

हाहा दैव : अभागि रुकमिनिक कपाले कि भेल : बिधिनिक उपरे बिधिनि मिलल : ओहि पापि राजासब बहुत : स्वामिक संगे : सहाय केहु नाहि : हामाक कोन गति हय : इहा नाहि जानु :। हाहा सोनाक पुतलि : श्रीकृष्ण स्वामिक : हामु पापिनि कौचे अनावलु : जोनो काचक चाहिते माणिक हराइ।।

वीभत्स रस : तदनन्तर : रुकमिनिक नविन जौबन रूप यौवन देखिए : जत राजासब कामबाने मुर्च्छित हया : आसन हन्ते ढलि ढलि परल। बिह्वल भावे काहु करजोड़ि बोल।।

हे प्रानेश्वरि : कामसागरे निस्तार करह। काहु आंगुलि मुखे लया बोल।।

–हे प्रान–पृये : मदने मन मर्द्दय : हामाक हास्य निरीक्षन करह।। काहु दंते खेड़ कामुरिए बोल।।

–हे राजकुमारि : तोहाक निमिते कामबाने फुटि प्रान छुटि जाइ : चरनक दास भेलु : हाते परसि हामाक जिवाव : सब महादेइक दासि करि देत्रु।।

कामे मत्त हया : इत्यादि नाना बिभत्स भावना कयल राजसब : पेखि रुकमिनिक सखिसब काहुक ठेंगना देइ : काहुक गोड़े मारि भर्चय :। तथापि राजासब : कामातुर हुया : कुमारिक कातर कये थिक। आहे लोक : हरिभकति बिहिन : कामातुरक दुख देखह। इहा जानि हरिक चरन चिंतिए : हरिबोल हरि।।

अद्भुत रस : तदनन्तर : श्रीकृष्ण रुकमिनिक : रूपलावन्य देखिए : मोहित हुया : कथंकथमपि चित्त सांत कयल।

शान्त रस :

परम बन्धु हरि चरित्र बिनाइ।
नाहि नाहि गति कलित लोकाइ।।
अबहु नाहि बुझि सास्त्रक मर्म्म।
नामत शरन लेहु सब धर्म्म।।
कलिमल मोचन परम हरि नाम।
जानि सबहि नर बोल राम राम।।

रुक्मिणी–हरण की भाषा

भाषा के क्षेत्र में भी शंकरदेव ने अभिनव काम किया है। पूरे भारतवर्ष को भावनात्मक एकता में पिरोने के लिए शंकरदेव ने एक नयी भाषा का प्रयोग किया था। आप अपनी वाणी को पूरे भारत में फैलाना चाहते थे। शंकरदेव के गीत, नाट, भटिमा की भाषा उनके पूर्ववर्ती कवियों से भिन्न एक साहित्यिक भाषा है। यह 'ब्रजावली', 'ब्रजबुलि' और 'ब्रजबोली'–इन नामों से भी जानी जाती है (शर्मा 214 : 238)। यह भाषा न तो पश्चिमी हिन्दी की बोली ब्रजभाषा के साथ किसी प्रकार से सम्बन्धित है और न ही भारत के किसी अंचल में यह बोली जाती है। यह एक सम्मिश्रित भाषा है। ब्रजबुलि असम, बंगदेश और उड़ीसा के वैष्णव कवियों की भाषा है। असमीया भाषा की शब्दावली की नींव पर असम की ब्रजबुलि का निर्माण हुआ है। इसमें असमीया भाषा के शब्दों और मुहावरों का प्रयोग हुआ है। इस भाषा के प्रयोग के पीछे सम्भवत : शंकरदेव का उद्देश्य यही रहा होगा कि उत्तर–पूर्व भारत में एक सामूहिक भाषा का निर्माण करना। उनकी ब्रजबुलि समग्र उत्तर–पूर्व भारत के लोगों के लिए समझी जाने वाली एक भाषा रूप है। उन्होंने हमें एक संयुक्त सम्पर्क भाषा देने का प्रयास किया था। इससे वे भारतीय जनमानस को एक सूत्र में पिरोना चाहते थे।

लिप्यन्तरण सम्बन्धी सूचना

शंकरदेव कृत रुक्मिणी–हरण का यहाँ लिप्यन्तरण किया गया है। असमीया भाषा में 'स' उच्चारण वाले दो वर्ण हैं–'च' और 'छ'। असमीया भाषा में 'स' के लिए कोमल 'ह' का उच्चारण होता है। असमीया के 'स', 'च' और 'छ' इन तीनों वर्णों के लिए हिन्दी लिप्यन्तरण में क्रमश : 'स', 'च' और 'छ' रखे गये हैं। हिन्दी भाषा के 'य' वर्ण के लिए असमीया भाषा में दो वर्ण चलते हैं–एक का उच्चारण 'य' ही है और दूसरे का उच्चारण 'ज' होता है। असमीया 'य' के लिए हिन्दी में भी 'य' रखा गया है। असमीया 'य' के 'ज' वाले उच्चारण के लिए लिप्यन्तरण में 'य' रखा गया है।

रुक्मिणी-हरण नाट : मूल एवं अनुवाद

नमः श्रीकृष्णाय ।।

श्लोक ।। *यत् पादपंकजरजः शिरसा सुरेशाः*
शर्ब्बाबादयो दिविषदोहति मुदोद्वहन्ति।
यत् कीर्त्तनात् कलिमलं मनुजाः त्यजन्ति
कृष्णस्य तस्य चरणं शरणं ब्रजेम।।1 ।।

भावार्थ—श्लोक : जिस कृष्ण के चरण—कमल रज को सुरेश, महेश आदि अत्यन्त प्रसन्नतापूर्वक धारण करते हैं; जिनके कीर्तन से मनुष्य कलिमल को त्याग देते हैं, उसी कृष्ण के चरणों **की** शरण में हम आये हैं।

अपिच : *चैद्यादीन् नृपतीन प्रेमथ्य तरसा येनाहृता रुक्मिणी,*
येनाजौ विनिजीत्य दुर्जयरिपुः रुक्मीविरूपः कृतः।
वैदर्भी विधिवत् विवाहमकरोत्यो द्वारवत्यो मुदा,
तस्मै श्री परमात्मने भगवते कृष्णाय कूर्म्मो नमः।।2 ।।

भावार्थ—पुनश्च : जिन्होंने (शिशुपाल) को जीतकर रुक्मिणी को शत्रुओं से छीन लिया; दुर्जय शत्रुओं को पराभूत कर रुक्मी को विरूप किया और जिन्होंने वैदर्भी (रुक्मिणी) के साथ द्वारावती में विधिवत विवाह किया, उन्हीं परमात्मा भगवान कृष्ण को हम नमस्कार करते हैं।

नांदीगित।। राग सुहाइ।। मान एकतालि।।

जय जय जगजीवन मुरारु।
पावे परनाम हामारु।। धुं ।।

पद ।। *पंच मुहे जाहे तुति बुलि।*
शिरे हर धरु पदधुलि।।
जाहे सुरासुर करु सेवा।
सोहि मोहि गति देव देवा।।
रिपु नृपसब जोहि जिनि।
हरल हरखे रुकमिनी।।
करल हरि बिबिध बिलासा।
कहतु संकर हरिदासा।। ।।1।।*

भावार्थ–गीत : हे इस जगत के जीवनस्वरूप मुरारी! हम तुम्हारे चरणों में प्रणाम करते हैं। ब्रह्मा भी जिनकी स्तुति करते हैं, शिवजी भी जिनकी पद–धूल सर पर धारण करते हैं, सुरासुर जिनकी सेवा करते हैं, वही देव मुझे सद्‌गति दें। तुमने शत्रु राजाओं को जीतकर आनन्दित होकर रुक्मिणी का हरण किया। हरि ने विविध रूप से विलास किया। फिर हरि का दास शंकर वह कहने जा रहा है।

नाद्यंते सूत्रधार : ।। अलमति विस्तरेण।। प्रथमं माधवो माधव इत्युक्त्वा नत्वा नारायणंसभासदः संबोध्याह।।

भावार्थ–नान्दी श्लोक के बाद सूत्रधार : अधिक विस्तारित करने का प्रयोजन नहीं है। पहले माधव–माधव कहकर नारायण को नमन करने के बाद सभासदों को सम्बोधन किया।

श्लोक।। *भोः भोः सभासदःयूयंग शृणुध्वं श्रद्धयाधुना।*
रुक्मिनीहरणं नाम नाटकं मुक्तिसाधकम्।।3।।

भावार्थ–श्लोक : हे सभासदो! साधुजनो! श्रद्धा से रुक्मिणी–हरण नाटक सुनिए। क्योंकि यह नाटक मुक्ति का साधन करवाता है।)

अथ भट्टिमा।।

जय जय यादव देव।
आदि अन्त नपावत केव।।
जाकेरि चरन सरोरुह ब्रह्मा :
संकर करु नित्य सेव।।1।।

जोहि भयो अवतार।
हरलि भुमिकेरि भार।।
कयलि नरसिंह मूरुति दारुन :
हिरण्यक हृदय बिदार।।2।।

निरमिए सयल संसार।
करत बिबिध बिहार।।
यो ब्रह्माण्ड भांड भेदल :
पद नख परस प्रहार।।3।।

कलिमल मोचन चित्र।
जाकेरि परम चरित्र।।
पद–पंकज–रज परसिनि गंगा :
सुर–नर करय पवित्र।।4।।

अघबक धेनुक मारि।
कंस केसि अन्तकारी।
मधु मुर नरक निवारन बारन :
कुबलय जिवनहारि।।5।।

इन्द्र–दरप करु चुर।
ब्रजजन भय भेलि दुर।।
द्वारा-बिलास हास परिरंभल :
गोपि मनोरथ पुर।।6।।

मर्द्दिए बिसधर कालि।
यमुना ह्रद निकालि।।
कुबुजा काम मनोरथ पुरल :
बरद बरद बनमालि।।7।।

याकेरि ए गुन नाम।
जगजन पुरल काम।।

पापि पाप   पराभव भिर्जेइ
जो मुहे लेहि अविराम।।8।।

सोहि कृष्णक नाटक।
पापमुल उतपातक।।
सुना साधुजन   जाकेरि इचा :
जाहिते बैकुण्ठ बाटक।।9।।

कृष्ण चरित्र आति सार।
रुकुनि हरण बिहार।।
ताहे सुनिते   भनिते पावत :
पाप–पयोनिधि पार।।10।।

भो भो साधु सभासद ।
आवे मरन महापद।।
जानहु कृष्णर   चरित्र मृत्यु तारक :
कारक मुकुति सम्पद।।11।।

धरमक राजा नाम।
जानि नकरा बिराम।।
कृष्ण किंकर   संकर कहइ :
डाकि बोलहु राम राम।।12।।

भावार्थ–भटिमा : यादव कुल के श्रेष्ठ देव, जिनका आदि–अन्त कोई भी पा नहीं सकता, उन कृष्ण की जय हो। जिनके चरणों में ब्रह्मा कमल रखते हैं, शंकर जिनकी नित्य सेवा करते हैं, जिन्होंने भूमि का भार हरण किया, उन कृष्ण की जय हो। आपने नरसिंह का दारुण रूप धारण कर हिरण्यकशिपु का हृदय फाड़ डाला। आपने समग्र संसार का निर्माण कर उसमें विविध विहार किया। आपके पद–पंकज की धूल के स्पर्श में गंगा आती है और उसने सुर–नरों को पवित्र किया है। अघासुर, बकासुर, धेनुकासुर, कंस, केशी आदि का आपने अन्त किया। आपने इन्द्र का दर्प चूर्ण कर ब्रजवासियों का भय दूर किया। रास में गोपियों के

साथ हास–परिहास कर उनका मनोरथ पूर्ण किया। आपने यमुना से विषधर कालिया का मर्दन कर उसे वहाँ से निकाला। आपके आशीर्वाद से कुब्जा का काम–मनोरथ भी पूरा हुआ। आपके गुण एवं नाम के स्मरण से जगजन की मनोकामना पूरी होती है। पापी भी आपके नाम का स्मरण अनवरत करता रहे, तो उसके पाप का अन्त हो जाता है। उन्हीं कृष्ण का यह नाटक है, जो पाप को जड़ से नष्ट कर देता है।

हे साधुजनो! जिन्हें वैकुण्ठ जाने की इच्छा है, उनके लिए कृष्ण चरित्र ही मूल सार है, जो रुक्मिणी–हरण में है। उसे सुनने और कहने का सौभाग्य जिसे होता है, वह पाप का महासागर पार कर जाता है। हे साधु सभासदो! मरण के रूप में महाविपत्ति आ रही है। इसीलिए कृष्ण का चरित्र जानिये। यह मृत्यु से उद्धार करनेवाला है। यह मुक्ति सम्पादन करता है। कृष्ण सबके मालिक हैं। उनके नाम स्मरण में ही धर्म होता है। इसीलिए विलम्ब न कीजिए। कृष्ण का सेवक शंकर राम का नाम स्मरण करता है।

सूत्र ।। भो भो सभासद : साधुजन : जे जगतक परम गुरु : नारायण : जाहेरि अंस अवतरि : बारम्बार भुमिक भार हरय : सोहि भगवन्त श्रीकृष्ण : साक्षाते आपुने अवतरि : ओंहि सभामध्ये रुक्मिनि हरन : बिहार नृत्य : परम कौतुके करब : ताहे साबधाने देखह सुनह। प्रथमे उद्धव सहित : श्रीकृष्णक प्रबेस : तदनन्तर सखिसब सहित : रुकमिनिक प्रबेस। इति ज्ञात्वा सर्ब्बे सावधाने स्थियताम् ।।

भावार्थ–सूत्र : हे सभासदो, साधुजनो! जगत के परमगुरु नारायण जो अवतार धारण कर बार–बार भूमि का भार हरण करते हैं, वही साक्षात भगवान श्रीकृष्ण सभा के बीच परम आनन्द से रुक्मिणी–हरण केलि नृत्य करेंगे। उसे सावधानी से देखिए, सुनिए। पहले उद्धव के साथ कृष्ण प्रवेश करेंगे, उसके बाद सखियों के साथ रुक्मिणी का प्रवेश होगा। यह जानते हुए सावधानी से रहिए।

पुनः सूत्रधार : ।। आकाशे कर्ण दत्त्वा–संगिक बोल।। आहे संगी : कि बाद्य सुनिए।।

भावार्थ–पुनः सूत्रधार : आकाश की ओर ध्यान से सुनकर कहा– हे! क्या वाद्य सुनाई दे रहा है?

संगी बोल।। सखि : देबदुंदूभि बाजत : आहे देबदुंदूभि बाजत।

भावार्थ–संगी का बोल : सखि, देव दुन्दुभि बज रही है। हाँ, देव दुंदुभि बज रही है।

सूत्र।। आ : से परम ईश्वर श्रीकृष्ण मिलल।।

भावार्थ–सूत्र : आह! : वही परम ईश्वर श्रीकृष्ण आ गये।

श्लोक।। *प्रवेशमकरोत् कृष्णः स्वकान्त्या कामकोटिजित्।*
जगतां जनको धाता सोद्धवः साधुवांद्धवः।।4।।

भावार्थ–श्लोक : जगत के जनक, पालनहार श्रीकृष्ण ने अपने शरीर की कान्ति से करोड़ों कामदेवों को जीतकर साधु बान्धव उद्धव के साथ प्रवेश किया।

सूत्र।। आहे सभासद लोक : जाकर कथा कहैचि : सोहि
श्रीकृष्ण उद्धव सहित ए आवत।।

भावार्थ–सूत्र : हे सभासदो! हम जिनकी बातें कर रहे हैं, वही कृष्ण उद्धव के साथ आ रहे है।

।। इति सूत्र : निष्क्रान्त :।।

भावार्थ–इतना कहकर सूत्रधार निकल गया।

।। गित।। राग सिंधुड़ा।। एकतालि ।।

आवे जगतगुरु कय परवेस।
जिनिए कामकौटि नटवर बेस।।ध्रुं।।

पद।।
स्यामल तनु पित अंबरु लासा।
बदन इन्दु रुचि इसत हासा।।
नयन पंकज भुजलन्बित जानु।
कण्ठे कौस्तुभ नव शोभित भानु।।
हार मुकुट मनि कुण्डल डोले।।
चरणपंकज मह मंजिर रोले।।
ससधर कौटि कान्ति परकासा।।
संकर कह ओंहि केशव दासा।।। ।।2।।*

भावार्थ–गीत : जगतगुरु प्रवेश कर रहे हैं। नटवर वेश में वे करोड़ों कामदेवों को जीतने में सक्षम हैं। उनके शरीर का वर्ण श्यामल है और वे पीताम्बर का परिधान कर रहे हैं। वे चन्द्रमा की तरह ज्योतिष्मान हैं। उनके अधरों पर मन्द–मन्द हँसी है। उनके नयन वस्तुतः पंकज हैं, उनकी बाँहें अजानुलम्बित हैं। कण्ठ में कौस्तुभ मणि है, जो प्रातःकाल के सूरज की तरह शोभायमान है। हार, मणि–मुक्ता, कुण्डल उनमें सुशोभित हैं। उनके चरण पंकजों में घुँघुरू बजते है। करोड़ों चन्द्रों की कान्ति की तरह वे प्रकाशित हुए। केशव का दास शंकर उसी की कथा कह रहा है।

कथा सूत्र–ओहि प्रकारे श्रीकृष्ण प्रबेस कयकहु सभात एकपास
हुया रहल : तदनन्तर रुकमिनिक प्रबेस सुनह।
संगि कि वाद्य बाजय।।

भावार्थ–कथा सूत्र : इस तरह श्रीकृष्ण ने सभा में प्रवेश किया। उसके बाद रुक्मिणी का प्रवेश सुनिए। हे संगी, क्या वाद्य बज रहा है?

संगी बोल।। अये देवबाद्य बाजत।।

भावार्थ–संगी का बोल : देववाद्य बज रहा है।

सूत्र ।। आ : से गोसानि रुकमिनि : मिलल मिलल : अए लोक देखह।।
भावार्थ–सूत्र : आहा, वही रुक्मिणी आ रही है। हे लोगो! देखिए।

श्लोक।। *रुक्मिनीं कारयामास प्रवेशं संयुतांम्।*
मोहयन् हर्षयन् चारु रूपलावण्यकांतिभिः।।5।।

भावार्थ–श्लोक : सौन्दर्य, रूप और लावण्य की कान्ति और हँसी से सभी को मोहित कर सखियों के साथ रुक्मिणी ने प्रवेश किया।

सूत्र ।। सव सहित : से रुकमिनि जैचे प्रवेस कयल : ताहे देखह सुनह : निरन्तरे हरि बोल।।

भावार्थ–सूत्र : रुक्मिणी ने सखियों के साथ किस तरह प्रवेश किया, उसे देखिए, सुनिए और निरन्तर हरि का स्मरण कीजिए।

।। गित।। राग–सुहाइ।। एकतालि।।

धुं।। *आवत रुकमिनि कय परसार।*
सखिसब संगे रंगे करत बिहार।।

पद ।।

इसत हसित मुख चाँद उजोर।
दसन मोतिम जच नयन चकोर।।
मानिक मुकुट कुण्डल गण्ड डोल।
कनक पुतलि तनु निल निचोल।।
कर कंकन केजुर झनकार।
मानिक काँचि रचित हेमहार।।
चलाइते चरन मंजिर करु रोल।
रुपे भुवन भोले संकर बोल।।3।।

भावार्थ–गीत : रुक्मिणी चली आ रही है। वह सखियों के साथ आनन्दित हो रही है। उसकी मन्द–मन्द हँसी में चन्द्रमा की उज्वलता है। उसके दाँत रूपी मोती मानो चकई पक्षी की आँखें हैं। उसका मुकुट माणिक युक्त है और कुण्डल गले में डोल रहा है। सुन्दरी रुक्मिणी ने स्वर्णिम शरीर पर नीले वस्त्र का परिधान किया है। उसने हाथ में कंकण और बाहु में अलंकार पहन रखे हैं, जिनसे ध्वनि निकाल रही है। उसका कमरबन्द और सोने का हार माणिक युक्त है। उसके चलने पर घुँघुरू की ध्वनि निकलती है। शंकर कहता है कि उसका रूप भुवन को मोहने वाली है।

सूत्र ।। आहे लोकाइ : से गोसानि देवि रुकमिनि : ऐचन प्रवेस कये कहु : नृत्य कये : एकपास हुया रहल। आहे सामाजिक लोक : प्रस्तुत कथा सुनह : सुरभि नाम एक भिक्षुक भाट : कुण्डिन नगरी हन्ते : कृष्णक भेट पावल : ताहे देखि श्रीकृष्ण बात पुचत।

भावार्थ–सूत्र : हे लोगो! वह देवी रुक्मिणी इस तरह सभा में प्रवेश करती हुई नृत्य करती है। यह कथा सुनिए। सुरभि नाम का एक भिक्षुक भाट कुण्डिन नगर से आता है। यहीं कृष्ण के साथ उसकी भेंट होती है। उसे देखकर कृष्ण पूछते हैं।

कथा ।। अए भिक्षुक : तोहो के कथा हंते एथा आवलि थिक!

भावार्थ–कथा : हे भिक्षुक! तुम यहाँ क्यों आये हो?

श्लोक ।। *कस्त्वं कस्मादिहागतः पृष्टः कृष्णेन भिक्षुकः।*
प्रहाहं कुण्डिनान्नाथ त्वां दिदृक्षुरिहागतः।।6।।

भावार्थ–श्लोक : कृष्ण ने भिक्षुक से पूछा कि वह कौन है। वह कहाँ से और क्यों यहाँ आया है। भिक्षुक ने कहा–हे नाथ! मैं कुण्डिन नगर से आपके दर्शन करने आया हूँ।

भिक्षुक बोल ।। हामु सुरभि नाम भाट : कुण्डिनहंते तोहाक दरसन निमिते :आवल थिक : आः तोहाक अपरूप रूप समपत्तिक महिमा कि कहब : हे स्वामी कृष्ण : हामार राजनन्दनि रुकमिनि : जेब तोहार गृहिनि हए : तेबे तोहार गृहबास हब : साफल हए : से रुकमिनिक रूपगुन किचो कहब ता सुनह।

भावार्थ–भिक्षुक का बोल : मैं सुरभि नाम का भाट हूँ। आपके दर्शन के लिये कुण्डिन नगर से आया हूँ। आः! आपकी अपूर्व रूप सम्पत्ति की महिमा का क्या कहे ! हे स्वामी कृष्ण! हमारी राजनन्दिनी रुक्मिणी जब आपकी गृहिणी होगी, तभी आपका गार्हस्थ्य जीवन सफल होगा। उस रुक्मिणी का कुछ रूप–गुण कहने जा रहा हूँ। उसे सुनिए।

।। भट्टिमा ।।

पढ़ि पुनु भाट छपय कह बानि।
कृष्णक आगु रूप बखानि।।
जय यदुनन्दन देवकु देव।
तोहारि चरने करहु बहु सेव।।1।।

तोहि महिमा कहतु नाहि अन्त।
पुरल परमा किरिति दिगन्त।।
तुहु सम पुरुष कतिहु नाहि पाइ।
सुन अब बचनेक बोलोहोंगोंसाइ।।2।।

हामाकु कुण्डिन नगरी अनुपाम।
आछे कन्या एक रुकमिनि नाम।।
भीष्मक राजनन्दनि बरबाला।
बाढ़य नव जोनि चाँदक काला।।3।।

कि कहब रमनिक रूप प्रचुर।
बयनक पेखि चाँद भेलि दूर।।
नयनक पेखि पाय बड़ि लाज।
कयल झाम्प कमल जलमाझ।।4।।

बन्दुलि अधिक अधर करु कान्ति।
ओतिम मोतिम दसनक पांति।।
सुवलित भुजजुग रत्न मोलान।
ऊरु करिकर कटि डंबरुक ठान।।5।।

नव पल्लव रुचि पदजुग सोहे।
पेखिते सुर–नर मुनि–मन मोहे।।
बानि आमिया रस गुने नोहे हीन।
राजकुमारिक बयस नविन।।6।।

कतनो जतने बिधि कए निरमान।
से कन्या होवे प्रभु तोहारि समान।।
कहलु स्वरूप अब बचन बिचारि।
होवय गृहिणी जब रुकमिनि नारि।।7।।

तब गृहबास साफल होवे नाथ।
कहलु भाट उपर तुलि हात।।
कृष्णर किंकर ओहि संकर बोल।
करु अब नरसब हरि हरि बोल।।8।।

भावार्थ–भटिमा : भाट चप्पय की वाणी में कृष्ण को रुक्मिणी का रूप गुण कहने लगा। हे यदुनन्दन, देवों के देव! मैं आपके चरणों में प्रणाम करता हूँ। आपकी महिमा का अन्त नहीं किया जा सकता। आपकी परम कीर्ति–दिगन्त तक फैली हुई है। आपके समान पुरुष कहीं नहीं मिलते। हे गोसाईं! अब मैं कहता हूँ, सुनिए। हमारी कुण्डिन नगरी अनुपम है। वहाँ रुक्मिणी नाम से एक कन्या है। वह राजा भीष्मक की ज्येष्ठ बाला है। वह चन्द्रकला–सी बढ़ती जा रही है। रुक्मिणी के प्रचुर रूप के बारे में क्या कहूँ? उसके मुख को देखकर चाँद दूर चला गया है। उसकी आँखों को देखकर कमल को बड़ी लज्जा आयी और वह जल में कूद गया। उसके अधरों की रक्तिम कान्ति बन्दुलि पुष्प से भी अधिक है। दाँतों की पंक्ति उज्वल मोती की तरह है। उसकी दोनों बाहें सुबलित हैं,जो अनमोल रत्न सदृश है। जांघ हाथी की सूड़ की तरह है और कमर डंबरू की मुद्रा जैसी है। उसके पदयुगल नवपल्लव की तरह शोभायमान है। उसे देखते ही सुर–नर–मुनि सब मोहित हो जाते हैं। उसकी वाणी में अमिय रस है और गुण में भी वह हीन नहीं है। राजकुमारी नवयौवना है। विधि ने कितनों

ही प्रयत्नों से उसका निर्माण किया है। वह कन्या प्रभु आपके योग्य है। मैंने उसका स्वरूप बताया है। अब आप मेरे वचनों पर विचार कीजिए। जब रुक्मिणी आपके घर की गृहिणी बनेगी, तभी आपका गार्हस्थ्य जीवन सफल होगा। भाट ने हाथ ऊपर कर ये सब कहा। कृष्ण का दास शंकर कहता है कि अब सब लोग हरि–हरि बोलें।

कथा सूत्र।। तदनन्तर : रुकमिनिक रुप गुन सुनिए : श्रीकृष्ण हेठमाथ कय : निश्वास फोकारि : घन घन रुकमिनिक मात्र ध्यान कये रहल : श्रीकृष्ण उद्धवक बोलल।।

भावार्थ–कथा सूत्र : रुक्मिणी का रूप–गुण सुनकर श्रीकृष्ण सर झुकाकर निःश्वास छोड़ने लगे। बार–बार रुक्मिणी का ही ध्यान करने लगे। श्रीकृष्ण ने उद्धव से कहा–

हे सखि : ओहि भल्ल भाट : उनिकर मन पुरिए बहुत प्रसाद देहु।

भावार्थ–हे सखा! वह अच्छा भाट है। उसे जी–भरकर प्रसाद दीजिए।

तदनन्तर : कृष्णक आदेसे उद्धवे बहुत धन : भाटक देलह। श्रीकृष्णक प्रसाद पाया : चिरंजीव चिरंजीव गोसाञि बुलि : सुरभि सन्तोसे निज देशे गेल।

भावार्थ–तब कृष्ण के आदेश से उद्धव ने भाट को बहुत धन दिया। श्रीकृष्ण का प्रसाद पाकर चिरंजीव–चिरंजीव गोसाईं कहता हुआ सुरभि सन्तोषपूर्वक अपनं देश चला गया।

श्लोक।। *श्रुत्वा भिक्षुमुखात् कृष्णो रुक्मिण्याः रूपमद्भुतम्।*
त्वामेव सततं ध्यायन् तस्थाव्याकुलमानसः।।7।।

भावार्थ–भिक्षुक के मुँह से रुक्मिणी के अद्भुत रूप की बात सुनकर कृष्ण अति अधीर होकर एकान्त चित्त से उसी की चिन्ता करने लगे।

कथा सूत्र।। भिक्षुक मुखे रुकुनिक रूप गुन सुनिए श्रीकृष्ण आन चिन्ता सब छोड़ि : रात्रि दिवसे रुकमिनिक मात्र ध्यान कए रहल : ताहे देखह सुनह : निरन्तरे हरि बोल हरि।

भावार्थ–कथा सूत्र : भिक्षुक के मुँह से रुक्मिणी का रूप गुण सुनकर कृष्ण अन्य चिन्ता छोड़कर रात–दिन केवल रुक्मिणी का ही ध्यान करने लगे। उसे देखिए, सुनिए और निरन्तर हरि का स्मरण कीजिए।

गित।। राग धनश्री।। एकतालि।।

प्रियाकेरि काहिनि : सुनिए मुरारि।
बिरहे दहनु चित आकुल किंचित :
मानस मदन–बिगारि।। ध्रुं।।

पद।। *जगत निवास : श्वास घन फोकारय*
चिन्तिते रुकमिनि नारि।
कमन उपाय पाइ : पुनु परसन :
दरसन राजकुमारि।।1।।
गुनित कामिनि : जामिनि जाइ :
नयने निन्द नाहि आइ।
दिवस रयनि हरि : रहलि धियाइ :
कृष्ण किंकर रस गाइ।।2।। ।।4।।*

भावार्थ–गीत : प्रियतमा की कथा सुनकर मुरारि विरह से दग्ध होने लगे। उनके चित्त में आकुलता हुई, मन को मदन ने विकारग्रस्त किया। वे रुक्मिणी की चिन्ता में घन–घन श्वास छोड़ने लगे। उस राजकुमारी का कैसे दर्शन हो, वे उसका उपाय सोचने लगे। उस कामिनी की चिन्ता में रात बीत जाती है और नींद नहीं आती। हरि दिन–रात ध्यान करने लगे। इस रस की कथा कृष्ण का दास बता रहा है।

सूत्र ।। ओहि परकारे श्रीकृष्ण : प्रियाक बिरहानले : आकुल हया : हा रुक्मिनी हा रुक्मिनी : मात्र बात फोकारि कहु : रुकुनिमय मात्र देखिए : सर्ब्बथा रहल : कृष्णक दुख कि कहब। आहे लोक : तदनन्तर : रुकमिनिक बृतान्तसुनह : द्वारिका हन्ते हरिदास नाम : एक भिक्षुक भाट कुण्डिन गैया : राजनन्दनि रुकमिनिक : दरसन भेल : ताहे देखिए बात पुछत।

भावार्थ–सूत्र : इस प्रकार श्रीकृष्ण प्रिय की विरहाग्नि में आकुल होकर केवल हा रुक्मिणी हा रुक्मिणी कहते हुए सर्वथा रुक्मिणीमय दिखने लगे। कृष्ण के दुख की कथा क्या कही जाये! हे लोगो, उसके बाद रुक्मिणी का वृत्तान्त सुनिए। द्वारिका से हरिदास नाम का एक भिक्षुक भाट कुण्डिन जाकर राजकुमारी रुक्मिणी का दर्शन करता है। उसे देखकर रुक्मिणी ने पूछा–

अये भिक्षुक : तुहुके : कथाहन्ते एथावलि थिक।।

भावार्थ–हे भिक्षुक ,तुम कौन हो, कहाँ से आये हो?

श्लोक।। *को भवानिह सम्प्राप्तः पृष्टो भिक्षुरभाषत।*
द्वारकानगरात् प्राप्तः प्रार्थकोहहं नृपात्मजे।।8।।

भावार्थ–श्लोक : तुम कौन हो, यहाँ क्यों आये हो–यह पूछे जाने पर उसने कहा–हे राजनन्दिनी, मैं एक भिक्षुक हूँ, द्वारिका नगरी से आया हूँ।

कथा भिक्षुक बोल।। अ : हामु द्वारिका निबासि हरिदास नाम भिक्षुक भाट : हामार सुदिवस : तोहाक दरसन भेलु : अ : तोहाक अपरूप सम्पत्तिक : महिमा कि कहब : हामार द्वारिकानाथ श्रीकृष्ण : से जेबे तोहाक स्वामि हए : तेबे ए रूप जौबन साफल हए : हाहा हे राजनन्दनि : से श्रीकृष्णक रूप गुण किचो कहो : ता सुनह।

भावार्थ–कथा : भिक्षुक का बोल : मैं द्वारिका में रहने वाला हरिदास नाम का भिक्षुक भाट हूँ। आज मेरा दिन अच्छा था कि तुम्हारा दर्शन हुआ। अहा, तुम्हारी अपरूप रूप–सम्पत्ति की महिमा का क्या कहूँ! हमारे द्वारिकानाथ श्रीकृष्ण को यदि तुम स्वामी के रूप में प्राप्त करती हो, तभी तुम्हारा यौवन सफल होगा। हे राजनन्दिनी! उस कृष्ण का रूप–गुण कुछ कहता हूँ, उसे सुनो–

।। भट्टिमा।।

सुन सुन रुकमिनि माइ।
हरि गुन कहन नजाइ।।
मुख इन्दु कौटि परकास।
दसन मोतिम मन्द हास।।1।।

नयन पंकज नवपाता।
करतल उतपल राता।।
मदनक धनु भ्रुव भंग।
भुज जुग बलित भुजंग।।2।।

बहल बक्षस्थल सिंह बन्ध।
त्रिबलि बलित कटि कन्ध।।

उरु करिकर अव भास।
मृदु पदपंकज बिकास।।3।।

नखचय चाँदक पांति।
पदतल अलकत भांति।।
ध्वज जव पंकज सोहे।
पेखिते त्रिभूवन मोहे।।4।।

अभिनव तरुन मुरुति।
कि कहब रूपक बिभुति।।
गति गम्भिर मृगराज।
कौटि मदन हेरि लाज।।5।।

तुहुँ नव तरुनि प्रधान।
सो हरि नविन जुवान।।
दुहु एक बयस समान।
कयलि बिधि निरमान।।6।।

भुवन निरुपम रूप।
सुन धनि बचन स्वरूप।।
जब तुवा पति सोहि होइ।
साफल जनम तब तोइ।।7।।

कहलु भिक्षुक अब जानि।
कृष्ण किंकर बोल बानि।।
तेजु सामाजिक काम।
डाकि बोलहु राम राम।।8।।

भावार्थ–भटिमा : हे रुक्मिणी सुनो। हरि के गुणों की कथा कहकर अन्त नहीं किया जा सकता। उनके मुख में करोड़ों चन्द्रमाओं की शोभा है। मुक्ता जैसे उनके दाँत हैं और वे मन्द–मन्द हँसते हैं। उनके नयन पंकज के नये पत्ते सदृश हैं। करतल लाल कमल से रक्तिम हैं। उनकी भौंहें मदन के धनुष की तरह हैं। उनकी बाँहें शक्तिशाली हाथी की तरह हैं। उनका विशाल वक्षस्थल सिंह की तरह है। उनकी त्रिवली नीचे की तरफ़ झुकी हुई है। उनकी जाँघ हाथी की सूँड़

की तरह है। उनके चरण विकसित पंकज की तरह हैं। उनके नाखून चन्द्रमा की पंक्ति की तरह हैं। उनके पदतल भी रक्तिम हैं। उनकी वज्र सदृश शक्तिशाली ध्वजा पर पंकज शोभायमान है। उनका रूप त्रिभुवन को मोहने वाला है। वे तरुण अभिनव मूर्ति हैं। उनके रूप की विभूति के बारे में क्या कहूँ! उनकी गति सिंह की तरह गम्भीर है। उसे देखकर करोड़ों मदन भी लज्जित हो जाते हैं। तुम भी नवीन तरुणी हो। वह हरि भी नवयुवक हैं। दोनों की आयु भी एक समान है। विधि ने ऐसे ही दोनों का निर्माण किया है। हे सुन्दरी, मेरा वचन सुनो। जब वे तुम्हारे पति होंगे, तभी तुम्हारा जनम सफल होगा। भिक्षुक ने ये सब जानते हुए कहा है। कृष्ण का किंकर कहता है–हे सामाजिको! अन्य सब काम छोड़कर राम का नाम स्मरण कीजिए।

कथा सूत्र।। तदनन्तर : भिक्षुकमुखे : कृष्णक गुनरूप सुनिए : रुकमिनिक मने परम आनन्द मिललः आति हरिसे सखिक संबोधि बोलल।।

भावार्थ–कथा सूत्र : भिक्षुक के मुँह से कृष्ण का रूप–गुण सुनकर रुक्मिणी के मन में परम आनन्द हुआ। अत्यन्त हर्षित होकर सम्बोधन करते हुए उसने कहा–

हे सखि मदनमंजरी : ओहि भल्ल भाट : उनिकर मन पुरिए बहुबिध प्रसाद देह।

भावार्थ–हे मदनमंजरी! वह एक अच्छा भाट है, उसे जी–भरकर अनेक प्रकार का प्रसाद दो।

देविक आदेस सुनि कहों : मदनमंजरि बहुतर रजत रत्न सुवर्ण आनि : भाटक देलह : चिरंजीव चिरंजीव माइ बुलि : उत्सुके भिक्षु भाट : निज देशे गेल : रुकमिनि भिक्षुक मुखे : कथा सुनिए : मोहित हआ : श्रीकृष्णक स्वामि भावे बरल : कृष्णग्रहे हृदये धरल : कृष्णक चरन चिन्तिए मात्र सर्ब्बथा रहल : आन चिन्ता सबँ छाड़ल।।

भावार्थ–देवी का आदेश सुनकर मदनमंजरी ने बहुत–सा रजत, रत्न, सुवर्ण लाकर भाट को दिया। चिरंजीव–चिरंजीव कहता हुआ उत्साह से भिक्षुक भाट अपने देश गया। भिक्षुक के मुँह से कृष्ण की कथा सुनकर रुक्मिणी मोहित हुई और कृष्ण को स्वामी भाव से वरन् किया।

कृष्ण को हृदय में धारण किया। वह केवल कृष्ण के चरणों की चिन्ता में रहने लगी। अन्य सब चिन्ता छोड़ दीं।

श्लोक।। *कृष्णस्य रूपलावण्यश्रवणेन बिमोहिता।*
दधौ तच्चरणाम्भोजणं भजनीयं सतां सती।। 9।।

भावार्थ–श्लोक : कृष्ण के रूप–लावण्य की कथा श्रवण कर विमुग्ध होती सती रुक्मिणी अनवरत उन्हीं के चरण कमलों ध्यान करने लगी।

सूत्र।। से राजकुमारि रुकमिनि : कृष्णक रूपलावन्य सुनिए : मोहित हया : जैचे कृष्णक चरन चिन्तिए रहल : आहे लोक : ताहे देखह सुनह : निरन्तरे हरि बोल।।

भावार्थ–सूत्र : वह राजकुमारी रुक्मिणी कृष्ण का रूप–लावण्य सुनकर मोहित हुई और कृष्ण के चरणों की चिन्ता करने लगी। हे लोगो! उसे देखिए, सुनिए, निरन्तर हरि का स्मरण करते रहिए।

गित ।। राग–आशोआरि।। जौतिमान ।।

कैचन केशव दरसन होइ।
हरि बिने बिफल जनम अब मोइ।।ध्रुं।।

पद।।
बसति दिगंतर नाथ हामारु।
भेट कमने हुइ स्वामि मुरारु।।
हामु किंकरि हरि नाथ हामार।
कह संकर रुकुनिक बेवहार।। ।।5।।*

भावार्थ–गीत : केशव का दर्शन कैसे हो, हरि के बिना मेरा जनम विफल है। स्वामी मुरारि से भेंट कैसे हो। हरि हमारे नाथ हैं और मैं हरि की दासी हूँ। शंकर रुक्मिणी के व्यवहार की बातें कह रहा है।

सूत्र ।। आहे लोक : देखु देखु : रुकमिनि ऐचन कृष्ण चरन चिन्तिए रहल। तदनन्तर रुकमिनिक पिता : बृद्ध राजा भीष्मक : पात्रमंत्रीज्ञातिसबक आनिकहु : जे बोलल ता देखह सुनह।

भावार्थ–श्लोक : हे लोगो! देखिए देखिए। रुक्मिणी कृष्ण के चरणों की चिन्ता करती रही। उसके बाद रुक्मिणी के पिता वृद्ध राजा भीष्मक ने पात्रमन्त्री, ज्ञातियों को बुलाकर जो कहा वह सुनिए।

भीष्मक बोल।। आहे पात्रमन्त्रीज्ञातिसब : हामार दुहिता रुकमिनि बिबाहक जोग्य भेल : कन्याक सदृश बर कोन थाने थिक : सबहि बिमरिस कये बोल। हामु जानु एक देवकीनन्दन बिने : कन्याक समान बर नाहि : जब सबहि भल्ल देखह : तबे स्वहस्ते कृष्णक कन्यादान करु।।

भावार्थ–भीष्मक का बोल : हे पात्रमन्त्री, ज्ञातियो! हमारी दुहिता रुक्मिणी विवाह के योग्य हो गयी है। कन्या के लिए योग्य वर कहाँ मिलेगा, सब लोग विमर्श करके बोलिए। हम जानते हैं कि एक देवकीनन्दन के बिना कन्या के लिए योग्य वर नहीं है। यदि सबका यही विचार है तो मैं अपने हाथों से कृष्ण को कन्यादान करूँगा।

ज्ञातिसव बोल ।। धन्य धन्य राजा : अ : तोहाक उत्तम मति थिक : अपेक्षा नाहि करब : परम पुरुष श्रीकृष्णक कन्यादान करह : पुरुष उद्धार हौक।

भावार्थ–ज्ञातियों का बोल : धन्य–धन्य राजा। आपकी मति अति उत्तम है। अपेक्षा न कीजिए। परमपुरुष कृष्ण को कन्यादान कीजिए। इससे हमारे पूर्वजों का भी उद्धार होगा।

सूत्र ।। से राजमहिसि ससिप्रभा : ताहु स्वामिक बोलल।।

भावार्थ–सूत्र : राजमहिषी शशीप्रभा ने स्वामी से कहा–

ससिप्रभा बोल ।। परम ईश्वर श्रीकृष्णक : कथा सुनिए : हामारो उहि सन्मत। से यदुनन्दनक आनिए : सत्वरे कन्या दान करह।।

भावार्थ–शशीप्रभा का बोल : परम ईश्वर श्रीकृष्ण की कथा सुनी। हमारी सम्मति भी उसी में है। उस यदुनन्दन को लाकर तत्काल कन्यादान कीजिए।

सूत्र ।। श्रीकृष्णक बिबाह दिते : सबहि निश्चय कयल।।

भावार्थ–सूत्र : श्रीकृष्ण से विवाह कराने के लिए सबने निश्चय किया।

श्लोक।। *श्रुत्वा मुखात् साक्षाद्वार्त्तामानन्दिता सती।*
रुक्मिणी क्रीड़यामास स्पृष्टा हरिपदंग हृदि।।10।।

भावार्थ–श्लोक : सखी के मुँह से यह वार्ता सुनकर रुक्मिणी हर्षित हुई और ह्रदय में कृष्ण के पद युगल का स्मरण कर नृत्य करने लगी।

कथा ।। समस्त वृतान्त सुनि कहु : सखि लिलावतिः रुकमिनित

कहल।। हे सखि : तोहाक मनोरथ साफल भेल। श्रीकृष्णक बिबाह दिते निश्चय कयल : स्वरूप जानलु।।

भावार्थ–कथा : समस्त वृतान्त सुनकर लीलावती ने रुक्मिणी से कहा–हे रुक्मिणी तुम्हारा मनोरथ सफल हुआ। श्रीकृष्ण से तुम्हारा विवाह कराने का निश्चय किया गया है। तुम्हें ज्ञात करा रही हूँ।

ताहे सुनि रुकमिनि : आनन्दे जैचे नाचए लागल। आहे लोक : ताहे देखह सुनह : निरन्तरे हरि बोल।।

भावार्थ–उसे सुनकर रुक्मिणी आनन्द में नाचने लगी। हे लोगो! उसे देखिए, सुनिए और निरन्तर हरि का स्मरण करते रहिए।

गित।। राग–श्रीगांधार।। परिताल।।

सखि हे सुदिन भयोरि।
नाचे जैचन सखि संगे रंगे गौरि।।

पद।।

परम पुरुष पिउ भेलि मुरारु।
जनम साफल सखि अबहु हामारु।।
नाहि मोहे सम सोभागिनि सुन सइ।
रुकुनिक रंग कृष्ण किंकर कहयी।। ।।6।।*

भावार्थ–गीत : हे सखि, सुदिन आया है। गौरी सखियों के संग रंग में नाच रही है। परमपुरुष मुरारी मेरे प्रियतम हुए। अब मेरा जीवन सफल हुआ। मेरे समान और अब कोई सौभाग्यशाली नहीं है। कृष्ण का किंकर कहता है कि रुक्मिणी कृष्ण के रंग में रंग गयी।

कथा।। अ : ईश्वर, श्रीकृष्णक स्वामि पावलु : सखि हामाक सम सोभागिनि कोन थिक।।

भावार्थ–कथा : ईश्वर श्रीकृष्ण को स्वामी के रूप में मैंने पाया। मेरे समान सौभाग्यशाली और कौन हो सकती है?

सूत्र।। ओहि बुलि रुकमिनि परम उत्सुके : जैचे नाचए रहल थिक।।

भावार्थ–सूत्र : ऐसा कहकर रुक्मिणी परम आग्रह से नाचती रही।

श्लोक।। *ततो रुक्मी सभांग गत्वा गर्हयित्वाथ माधवम्।*
गर्वेण खर्ब्बावाक्येन कन्यां दातुन्यवारयत्।।11।।

भावार्थ–श्लोक : तब रुक्मवीर ने सभा में आकर कृष्ण की भर्त्सना की और क्रोधित होकर दम्भपूर्ण बातों से कन्यादान करने में बाधा पहुँचायी।

कथा।। तदनन्तर : से सभामध्ये आसिकहु : रुकमिनिक ज्येष्ठभ्राता : रुक्मि नाम मन्दमति : से पापि परम दर्प्प कये बोलल।।

भावार्थ–कथा : उस सभा में रुक्मिणी का ज्येष्ठ भ्राता रुक्मी नाम का मन्दमति पापी बड़े दर्प से कहने लगा–

रुक्मी बोल ।। अ : हामार भगिनि रुकमिनिक : काहाक सकति कृष्णक बिबाह देवब । से यादव अनाचार : गोबध : स्त्रीबध : मातुलबध : कतपाप कय थिक। से हामार सम्बन्धक : जोग्य हए नुहि। अए बृद्ध राजा : तुहु किछु बुझये नाहि : जे महाराजासिंह सिसुपाल : से रुकमिनिक जोग्य बर हय : निष्टे ताहेक बिबाह देवब । हामु अंगिकार कये बोललु।।

भावार्थ–रुक्मी का बोल : हमारी बहन रुक्मिणी का कृष्ण के साथ विवाह करने की किसकी शक्ति है। दुराचारी यादव ने गोबध, श्रीबध, गातुलबध आदि कितने पाप किये है, वह हमसे साथ सम्बन्ध बनाने का योग्य नहीं है। अरे वृद्ध राजा, तुम कुछ भी नहीं समझते। यह महाराज शिशुपाल रुक्मिणी के लिए योग्य वर है। निश्चित रूप से उसी के साथ रुक्मिणी का विवाह कराऊँगा। मैंने अंगीकार किया है।

कथा ।। तनिकर बोल बाधये नाहिपारि : भीष्मक जे बोलल।।

भावार्थ–कथा : उसकी बातों को बाधा न पहुँचाकर भीष्मक ने कहा–

अये पुता : बिबाहक निमिते : सिसुपालक सत्वरे आनह।।
रुक्मि ताहे सुनिए : कौतुके दुत पांचिकहौं : सिसुपाल प्रमुख्ये
: राजासबक आनावल : ताहे देखह सुनह।।

भावार्थ–हे पुत्र! विवाह के लिए शिशुपाल को शीघ्र लाओ। उसे सुनकर रुक्मी उत्साहित होता है और दूत भेजकर शिशुपाल सहित दूसरे राजाओं को लाता है। उसे देखिए, सुनिए।

श्लोक।। *निशम्य रुक्मिण्युद्वाहं शिशुपालादयो नृपाः।*
गृहीत्वा च शरं चापमाययुः कुण्डिनं प्रति।।12।।

भावार्थ–श्लोक : रुक्मिणी के विवाह की बात सुनकर शिशुपाल आदि राजाओं ने हाथों में धनुष–तीर लेकर कुण्डिन की ओर यात्रा की।

कथा।। रुकुनिक बिबाह करए लागि : राजासब सहिते : जैचे सिसुपाल आवल : ताहे देखह सुनह : निरन्तरे हरि बोल।।

भावार्थ–कथा : रुक्मिणी से विवाह करने आये राजाओं के साथ किस तरह शिशुपाल आये, उसे देखिए, सुनिए। निरन्तर हरि का नाम स्मरण कीजिए।

गित।। राग–कानाड़ा।। परिताल।।

आवे राजा सिंह सिसुपाल।
हाते तीर धनु बिर बिसाल।।धुं।।

पद।। *कये आरंबर बाजना बाजे।*
चले संगे साजि राज समाजे।
करत किरिटि कुण्डल परकास।
कहतु संकर कृष्णकु दास।। ।।7।।*

भावार्थ–गीत : सिंह सदृश राजा शिशुपाल आता है। उसके हाथों में धनुष और तीर है। वह बड़ा वीर है। विविध प्रकार के बाजे बज रहे हैं। उसके साथ सज–धजकर राज समाज आ रहा है। उसके मस्तक पर मुकुट है, कानों में कुण्डल प्रकाशित हो रहे हैं। कृष्ण का दास शंकर उसका वर्णन कह रहा है।

कथा ।। से राजासबक : भीष्मके सन्मान कय कहोः बासाघर दिये राखल। तदनन्तर : रुकमिनिक सखि : मदनमंजरी एसब बृत्तान्त जानिआति सत्वरे रुकमिनिक समिपे गया कहु : जानावल।

भावार्थ–कथा : उन राजाओं का भीष्मक ने सम्मान करवाया और उनके रहने का बन्दोबस्त करवाया। मदनमंजरी ने यह सब वृत्तान्त जानकर अति शीघ्र रुक्मिणी के पास जाकर उसे अवगत कराया।

मदनमंजुरी बोल।। आहे प्रानसखिः बिसम बिपाक मिलल : ता सुनह। तोहारि ज्येष्ठभ्राता : रुक्मिकुमार : से पापि तोहाक : श्रीकृष्णक बिबाह दिते निसेधल : तोहाक निमिते सिसुपाल नृपतिक बर अनावल : इहाक निष्टे जानि हामु जानावलु। सखि जे जोग्य ता करह। हाहा प्रानसखि श्रीकृष्णक : स्वामि बंचित भेलि : हाहा बिधिक बिडम्बन भेलि।।

भावार्थ–मदनमंजरी का बोल : हे प्राणसखी! भीषण विपत्ति आयी है, उसे सुनो। तुम्हारा ज्येष्ठ भ्राता रुक्मी कुमार, उस पापी ने तुम्हारा श्रीकृष्ण से विवाह करने को मना किया है। तुम्हारे लिए राजा शिशुपाल को वर के रूप में लाया है। यह जानकर मैंने तुम्हें बताया। जो उचित हो, वही करो। हाहा प्राण, कृष्ण को स्वामी रूप में पाने से तुम वंचित हुई। हाहा विधि की बिडम्बना क्या कहें!

श्लोक।। *निशम्य विप्रियं बाला भीता भूमौ पपात सा।*
रुरोद हृदये ध्यायन् कृष्णस्य चरणं चिरम्।।13।।

भावार्थ–श्लोक : यह अप्रिय बात सुनकर कुमारी (रुक्मिणी) भयभीत होकर भूमि पर गिर पड़ी और कृष्ण के पदयुगल की चिन्ता कर क्रन्दन करने लगी।

सूत्र।। तदनन्तर परम विप्रिय बानि सुनिए : राजनन्दनिक माथे जैचे कलस भांगल : श्रीकृष्णक नैरसा सुनिए दिश दश आंधियारि देखिए : मुर्च्छित हया तत्तकाले परल : जैचे कदलिक बाते उपाड़ल। श्रीकृष्णक बिरहेतापे : रुकमिनिक जैचे अवस्था मिलल : ताहे देखह सुनह : निरन्तरे हरिबोल।

भावार्थ–सूत्र : अति अप्रिय वाणी सुनकर राजनन्दिनी के सिर पर मानो दुखों का घड़ा टूट पड़ा। कृष्ण को पाने में निराशा और दसों दिशाओं में अन्धकार देख तत्काल मूर्च्छित होकर गिर पड़ी, मानो तेज हवा

में कदली जड़ से उखड़ गयी हो। श्रीकृष्ण के विरह के ताप में रुक्मिणी की जो अवस्था हुई, उसे देखिए, सुनिए और निरन्तर हरि का नाम स्मरण करते रहिए।

गित।। राग–गोरी।। जौतिमान।।

हरिबिने रमनि : देखत अंधिवारि।
रहये ना देहा बिरह करु नारि।।ध्रुं।।

पद।।

घन घन मुरुचि परए बरनारि।
कोकरये श्वास नयने झुरे बारि।।
कृष्णक चरन चिन्तिये चित्त लाइ।
घन यदुनाथ जम्पये पुनु माइ।।
हरिक नैरासे ह्रास भेलि देहा।
संकर कह रमनिक नव नेहा।। ।।8।।*

भावार्थ–गीत : हरि के बिना रमणी (रुक्मिणी) अन्धकार देख रही है। विरह में उसकी देह की अवस्था दयनीय हो गयी है। वह श्रेष्ठ नारी बार–बार मूर्च्छित हो जाती है। घन–घन श्वास छोड़ती है, आँखों से पानी बहता रहता है। अनवरत वह कृष्ण के चरणों की ही चिन्ता करती रहती है। वह बार–बार यदुनाथ का जप करती है। हरि की प्राप्ति में निराशा मिलने से उसका शरीर क्षीन होता जा रहा है। शंकर कहता है कि रमणी का प्रेम अभी नवीन है।

कथा।। तदनन्तर : कृष्णक बिरह तापे : तापित हया : रुकमिनि घन घन कृष्णगुन जम्पए : दिश दश आंधारि देखिए : मुर्च्छित हया परल। ताहे देखिए : सखि मदनमंजरी : सखि लिलावति : हाहाकार कए : आति सत्वरे : बाहु मेलि धरल : सिरे जल सिंचल : आञ्चोरे बिंचिकहु : आस्वास बोलल।

भावार्थ–कथा : उसके बाद कृष्ण के विरह ताप में तप्त होकर रुक्मिणी बार–बार कृष्ण का गुण जपती है। वह दसों दिशाओं को अन्धकारमय देखती है और मूर्च्छित होकर गिर पड़ती है। उसे देख मदनमंजरी, लीलावती हाहाकार करती हुई शीघ्र बाँहों के सहारे उसे सँभालती हैं, सिर में पानी डालती है और आँचल से हवा चलाकर आश्वास देती हुई कहती हैं–

हे प्रानसखि : से पापि सिसुपाल : तोहाक नाहि पावे : कि निमित्त आकुल भेलि : से भकतबान्धव माधव : तोहाक अवश्यक रक्षा करब : इहा जानि प्रान सखि : स्वस्थ हव।।

भावार्थ–हे प्राण, वह पापी शिशुपाल तुम्हें प्राप्त नहीं कर सकेगा, क्यों आकुल हो रही हो? भक्त बान्धव माधव अवश्य ही तुम्हारी रक्षा करेंगे। यह समझकर प्राण स्वस्थ हो जाओ।

श्लोक।। *लपन्ती कृष्ण कृष्णेति हरेर्विरहकातरा।*
रुरोद राजदुहिता भिः सहिता सती।।14।।

भावार्थ–श्लोक : हरि विरह में कातर होकर राजनन्दिनी मात्र श्रीकृष्ण का जप कर सखियों के सम्मुख क्रन्दन करने लगी।

कथा ।। तदनन्तर : राजनन्दनि : चेतन लभिए : हा कृष्ण हा कृष्ण बुलि दीर्घ निश्वास फोकारि रुक्मिक गारि देइ।

भावार्थ–कथा : तब राजनन्दिनी चेतना प्राप्त कर हा कृष्ण हा कृष्ण कहकर दीर्घ निःश्वास छोड़कर रुक्मी को गाली देने लगी–

हे पापि सोदर : तुहु सात शत्रुतो अधिक भेलि : प्रानकृष्ण सहिते कैचे हामाक बंचित कयलि : तुहु जनमि कि निमित्त नाहि मरलि।

भावार्थ–हे पापी सहोदर! तुम सात शत्रुओं से भी अधिक हुए। प्राणकृष्ण को पाने से तुमने क्यों हमें वंचित किया? जन्म होते ही तुम मर क्यों नहीं गये?

ओहि बुलि रुकमिनि : सखि दुहो सहित जैचे : श्रीकृष्णक बिलाप कयलि : ता सुनह।।

भावार्थ–इस तरह रुक्मिणी ने दोनों सखियों के सम्मुख किस तरह विलाप किया, उसे सुनिए।

गित।। राग–श्रीगान्धार ।। जौतिमान।।

हरि हरि हामार करम किना भेलि।
प्रान पिउ आस कैचन दुर गेलि।।ध्रुं।।

पद।। *पापि सोदर तुहु नाहि भेलि नास।*
दुर्ल्लभ बल्लभ कृष्ण कयलि नैरास।।

जगजन तारन चरन जाहारु।
बंचल कैचन कृष्ण बल्लभ हामारु।।1।।

कृष्णर चरन चिर जोहि कयो काम।
दुर गेल सोहि मोहि बिधि भेलि बाम।।
नाहि नाहि धरबहु हरि बिने प्रान।
बिकलि रुकुनि कृष्ण किंकर भान।।2।। ।।9।।*

भावार्थ–गीत : हे हरि, हमारे भाग्य का क्या हुआ? प्राणप्रिय की आशा कैसे दूर हो गयी? पापी सहोदर! तुम्हारा नाश भी नहीं हुआ। दुर्लभ कृष्ण को तुमने निराश किया। जिनके चरण जगतजनों के तारक हैं, उन कृष्ण से तुमने मुझे कैसे वंचित किया? जिन कृष्ण के चरणों की चिन्ता करते हुए लोग कर्म करते हैं, वही मुझसे दूर चले गये। मेरे भाग्य में ही कमी है। हरि के बिना मैं प्राण नहीं रखूँगी। इस तरह रुक्मिणी कृष्ण के लिए व्याकुल हुई और कृष्ण का किंकर यही कथा लिख रहा है।

कथा।। ऐचन बिलाप कय : राजकुमारि : मुर्च्छित हया परल : सखिसबे बोध दिते : स्वस्थ हया : आञ्चोरे आखि मुख मुचिकहोंः निश्वास फोकारि बोलये लागल।

भावार्थ–कथा : इस तरह विलाप कर राजकुमारी मूर्च्छित होकर गिर पड़ी। सखियों से बोध पाकर वह स्वस्थ हुई और आँचल से आँख–मुँह पोंछती हुई निःश्वास छोड़कर बोलने लगी।–

अये पापि सिसुपाल : तोहो हामाक बिबाह करिते आवल : हाहा जैचे सिंहक भार्याक : शृगाल अभिलास कय थिक। हाहा कृष्ण बिने : हामु प्रान राखब : तबे हामारि जिवन धिक धिक। हे प्रान स्वामि श्रीकृष्ण : तोहो इसब बृतांत नाहि जानह : तोहाक समिप काहेक पथाञु।।

भावार्थ–अरे पापी शिशुपाल! तुम हम से विवाह करने के लिए आये हो । जैसे सिंह की भार्या के लिए सियार अभिलाषा करता हो। हाहा कृष्ण के बिना यदि हमने प्राण रखे तो हमारा जनम धिक है। हे प्राणस्वामी कृष्ण! तुम ये सब वृत्तान्त नहीं जानते? तुम्हारे पास किसे भेजूँ।

ओहि बुलि बाला हेठ माथ कये चिन्तिते : एक मित्र ब्राह्मनक मने पावल : सोत्साहे सखि लिलावतिक बोल।।

भावार्थ—इस तरह बालिका सर झुकाकर कुछ सोचती रही और एक मित्र ब्राह्मण की बात मन में आयी। उत्साह से लीलावती से बोली—

हे सखि लिलावति : तुहो सत्वरे जाव : हामार महामित्र बेदनिधिक आनगिया।

भावार्थ—हे लीलावती ! तुम तत्काल जाओ। हमारे महामित्र वेदनिधि को बुला लाओ।

सुनि लिलावति तत्तकाले चलि जाइ : कुमारिक कथा ब्राह्मनक जनावल।।

भावार्थ—लीलावती तत्काल चली जाती है और कुमारी की कथा ब्राह्मण को बताती है।

श्लोक।। *निशम्य त्वरितं प्रागाद्वाक्यं देव्याः द्विजोत्तमतीः।*
नाम्ना बेदानिधिः ख्यातो रुक्मिण्याः प्रियकृतदा ।। 15 ।।

भावार्थ—श्लोक : रुक्मिणी की व्यथा सुनकर उसके प्रिय शुभाकांक्षी वेदनिधि नाम के एक विप्र शीघ्र उपस्थित हुए।

सूत्र ।। राजनन्दनिक बानिसुनिकहु : जैचे बेदनिधि आवल : ताहे देखह सुनह : निरन्तरे हरि बोल।।

भावार्थ—सूत्र : राजनन्दिनी की बात सुनकर वेदनिधि कैसे आये, उसे देखिए, सुनिए। निरन्तर हरि का नाम स्मरण करते रहिए।

गित।। राग—कानाड़ा ।। मान परिताल ।।

आवत बेदनिधि द्विजराज।
साधिते राजकुमारिक काज।।ध्रुं।।

पद।। *रंजे तिलक कपालक छानि।*
धौतबास कुस सोभित पानि।।
चाँदक पाँति दशन परकास।
संकर कह ओहि केशव दास।। ।।10।।*

भावार्थ–गीत : द्विजराज वेदनिधि राजकुमारी का काम सिद्ध करने के लिए आते हैं। कपोल तिलक से रंजित है। हाथ में सफ़ेद कुश है। उनके दाँतों का प्रकाश चन्द्र की पंक्ति की तरह है। केशव का दास शंकर इसी कथा का बयान कर रहा है।

कथा ।। तदनन्तर : से राजकुमारि : हेठ माथे क्रन्दन कए थिक : नयनक निर धारे बहि जाइ। ताहे देखिए ब्राह्मन बोल।।

भावार्थ–कथा : वह राजकुमारी व्याकुल होकर क्रन्दन कर रही थी। आँखों से पानी की धारा बह रही थी। उसे देखकर ब्राह्मण कहने लगे–

हे माइ राजनन्दनि : कि अपमान मिलल : कोन निमित्त क्रन्दन कए थिक : हाहा हामाक सपत जब सत्वर नाहि कह । हामु थाकिते तोहार कि मन दुख थिक : हे माता ताप चाड़ह।।

भावार्थ–हे राजनन्दिनी! तुम्हारा क्या अपमान हुआ? किस कारण से क्रन्दन कर रही हो? हमारी शपथ है शीघ्र बताओ। हमारे होते हुए तुम्हारे मन में क्या दुख है? हे माता! ताप छोड़ो।

श्लोक।। *निशम्य तद्वचो बाला विनिःश्वस्य पुनः पुनः।*
विप्रस्य चरणौ शिर्षा स्पृष्ट्वा शोकाकुलाब्रवीत्।।16।।

भावार्थ–श्लोक : उनकी बात सुनकर बालिका (रुक्मिणी) बार–बार निःश्वास छोड़कर विप्र के चरणों को अपने मस्तक से स्पर्श कर शोकाकुल होकर कहने लगी।

कथा।। तदनन्तर : रुकमिनि आञ्चोरे आखि मुख मुचि : बिप्रक जानुपारि : प्रनाम कए कहु : बोलये लागल।

भावार्थ–कथा : तब रुक्मिणी आँचल से आँख–मुँह पोंछकर विप्र को प्रणाम करती हुई बोलने लगी–

हे गुरु : हामु मरि जाञु : हामात कि बात पुछह : जे श्रीकृष्ण स्वामित चिरकाल आसा कये छिलो हाहा ताहेक हामार पापि सोदरे दुर कयल : हामाक दिते सिसुपाल बर आनावल : से पापिक देखिते जिउ जाइ। हे गुरु बाप : कि कहब : तुहु जब द्वारकापुरे गैया : कृष्णक आनिते पारह : तबे हामाक प्रान दान देवब।।

भावार्थ–हे गुरु, मैं मर रही हूँ। मुझे आप क्या पूछ रहे हैं! जिस कृष्ण स्वामी की चिरकाल से आशा कर रही थी, हाय, उन्हें मेरे पापी सहोदर ने दूर कर दिया। मुझसे विवाह करने के लिए राजा शिशुपाल को लाया गया है। उस पापी को देखते ही जान चली जाती है। हे गुरुबाप, आपसे मैं क्या कहूँ! अगर आप द्वारकापुर जाकर कृष्ण को लाने में सक्षम होंगे, तभी मुझें प्राणदान मिलेगा।

श्लोक।। *निशम्य तद्वचो विप्रो विहस्योवाच रुक्मिणीम्।*
कुमारी कुरु मा शोकंग का चिन्ता ते स्थिते मयि।।17।।

भावार्थ–श्लोक : वह बात सुनकर विप्र ने हँसते हुए रुक्मिणी से कहा–कुमारी, शोक मत करो। मेरे होते हुए तुम्हें चिन्ता करने की कोई आवश्यकता नहीं है।

कथा ।। ताहे सुनि बेदनिधि बिहसि बोल।।

आ : हे माइ रुकमिनि : कृष्णक आनिते कोन चिन्ता थिक : हामु तपक महिमाए : आकासक चन्द्र आनिते पारु : हामु द्वारका एइ चललु : जे बात थिक : ता कह।।

भावार्थ–उसे सुनकर वेदनिधि हँसते हुए बोले, हे माता रुक्मिणी। कृष्ण को लाने के लिए क्या चिन्ता करती हो? मैं तप की महिमा से आकाश के चन्द्रमा को भी ला सकता हूँ। मैं द्वारिका के लिए चला। अब जो सन्देश तुम्हें देना है, मुझसे कहो।

ता सुनिए : कुमारी किचो स्वस्थ हया बोल।

भावार्थ–उसे सुनकर कुमारी कुछ स्वस्थ होकर बोली।

हे गुरु : श्रीकृष्ण स्वामिक चरने प्रथमे हामार प्रनाम कहबि : तदनन्तर : हामाक दुख निबेदिब : तोहारि किंकरि रुकमिनि ऐचन बोलल।। हे स्वामि कृष्ण : भिक्षुक मुखे तोहाक रूपगुन सुनिए : हामु कायबाक्यमने तोहाक पतिभावे बरैचि : तथि सिसुपाल पापिष्ठे हामाक निते चाहे : जानि प्राननाथ सत्वरे आसि : हामाक रक्षा करह : तोहाक चाड़ि हामार गति नाहि गति नाहि।।

भावार्थ–हे गुरु, श्रीकृष्ण स्वामी के चरणों में पहले हमारा प्रणाम कहिएगा। उसके बाद हमारे दुख का निवेदन कीजिएगा। आपकी दासी

रुक्मिणी कहती है–हे स्वामी कृष्ण! भिक्षुक के मुख से आपका रूप–गुण सुनकर मैंने काय–वाक्य–मन से आपको पति भाव से वरन् किया है। वह पापी शिशुपाल मुझे ले जाना चाहता है। इतना जानकार प्राणनाथ शीघ्र आकर मेरी रक्षा कीजिए। आपको छोड़कर मेरी और दूसरी गति नहीं है।

गित।। राग–अहिर ।। जौतिमान

धुरा।। केशव ए हामाकेरि राखबि प्रान।
निज किंकरिक जिवन देहु दान।।

पद।।

तुया पदपंकज : जिवन जगबास।
कवलु कमलनयन चिर आस।।
बिपद पयोनिधि परलु मुरारु।
दीन बान्धव देव उद्धार हामारु।।1।।

पापि सिसुपाल काल भेलो मेरि।
तोहारि चरने सरन लेलु हरि।।
गति गोबिन्द बिने नाहि नाहि आन।
रुक्मिनि करुना करु संकर भान।।2।। ।।11।।*

भावार्थ–गीत : हे केशव! मेरे प्राणों की रक्षा कीजिए। अपनी दासी को जीवन दान दीजिए। जगत के लोगों के लिये आपके पदपंकज ही जीवन हैं। आपके कमल नयनों की चिरकाल के लिए मैंने आशा की थी। अब मैं विपत्ति के सागर में पड़ा हूँ। हे दीन बान्धव! आप मेरा उद्धार कीजिए। पापी शिशुपाल मेरा काल बना है। हे हरि! आपके चरणों में मैंने शरण ली है। गोविन्द के बिना और कोई अन्य गति नहीं है। शंकर कहता है कि रुक्मिणी पर करुणा की जाय।

कथा ।। हे स्वामि कृष्ण : सिसुपाल पापित हन्ते : निज दासिक रक्षा करि निवसिया।।

भावार्थ–कथा : हे स्वामी कृष्ण! पापी शिशुपाल के हाथों से अपनी दासी की रक्षा कर ले जायें।

विप्रक बोल।। हे गुरु : हामाक एक गाचि खेड़ : कृष्णक आगु दिया : कातर कए : सत्वरे आनह : जब

बिलम्ब हय : कृष्णक प्रान संपिए : हामु मरब। अ : बिस्तर कि कहब : एक पतिआ लेखि देञु : ताहे लाया जाव : जब बिस्तर बिलम्ब हए : तेबे हामु मरब।

भावार्थ–विप्रक का बोल–हे गुरु! मेरी तरफ़ से कृष्ण को कातर अनुरोध कर आप उन्हें शीघ्र लायें। यदि विलम्ब हुआ तो कृष्ण के नाम प्राण समर्पण कर मर जाऊँगी। अरे और विस्तार से क्या कहूँ? एक पत्र लिख देती हूँ, उसे ले जाइए। अगर अधिक विलम्ब हुआ तो मैं मर जाऊँगी।

ओहि बुलि रुकमिनि : स्वहस्ते पत्र लेखि : ब्राह्मनक हाते देलह। बेदनिधि हात पाति लेलह। राजकुमारिक प्रबोध बुलिये बिप्र चलल।।

भावार्थ–इतना कहकर रुक्मिणी ने स्वयं पत्र लिखकर ब्राह्मण के हाथों दिया। वेदनिधि ने हाथ फैलाकर पत्र को लिया। राजकुमारी को प्रबोध देकर विप्र चलने लगे।

बेदनिधि बोल।। हे राजनन्दनि : किचो चिन्ता नाहि करबि : एकतिले कृष्णक आनबु तुहु सुखे रह।

भावार्थ–वेदनिधि का बोल : हे राजनन्दिनी! चिन्ता मत करो। मैं एक क्षण में कृष्ण को ले आऊँगा। तुम निश्चिन्त रहो।

ओहि बुलि बिप्र द्वारका चलल : ताहे देखह सुनह : निरन्तरे हरि बोल ।।

भावार्थ–ऐसा कहकर विप्र द्वारका के लिए चल पड़े। वह देखिए, सुनिए; निरन्तर हरि का नाम स्मरण कीजिए।

पयाड़ ।। राग–श्री।। मान परिताल।।

कुमारिक आस्वास बुलिए बचन।
द्विज द्वारकाक लागि करल गमन।।

श्लोक।। चाड़ल नगर गिरि अरन्य असेस।
भेल द्वारवति पुरि बिप्र परवेस।।1।।

मनोहर नगर सागर मह थिक।
करु परकास सुरपुरिक अधिक।।
जगत बिभुति तथि भेलि एकुथान।
हरिपुरि देखल कनक निरमान।।2।।

द्वारि द्वारपालक बोलय पाइ लाग।
कुण्डिनक द्विज हामु कह कृष्ण आग।।
कृष्णत हामार थिक गोप्य प्रयोजन।
राम राम बोलहु हरिसे सर्ब्बजन।।3।।12।।

भावार्थ–गीत : कुमारी को आश्वासन देकर द्विज ने द्वारका के लिए गमन किया। वे कई नगर, गिरि, अरण्य आदि छोड़ते गये। और द्वारकापुरी में प्रवेश किया। मनोहर नगर पुरी सागर के बीच अवस्थित है। पूरी देवलोक से भी चमकीला है, मानो वहाँ जगत की समस्त विभूतियाँ एकत्रित हुईं हों। द्विज ने सोने से निर्मित हरि की पुरी देखी। उन्होंने द्वारपाल कसे कहा कि कृष्ण से कहे कुण्डिन से एक द्विज आया है। कृष्ण से मेरा प्रयोजन गोपनीय है। सब लोग हर्षित होकर राम का स्मरण करें।

कथा।। तदनन्तर : द्वारपालसब गया : कृष्णक प्रनाम कय बोलल।।

भावार्थ–कथा : तब द्वारपाल ने कृष्ण को प्रणाम करते हुए कहा।

हे स्वामि : कुण्डिन हंते : एक बिशिष्ट बिप्र हामार द्वारे रहये थिक : कि आदेस हय नाथ।।

भावार्थ–हे स्वामी! कुण्डिन से एक विशिष्ट विप्र हमारे द्वार में आ पहुँचे हैं। नाथ, क्या आदेश है?

ओहि सुनि श्रीकृष्ण तत्तकाले उठिकहु : गौरवे गैया ब्राह्मनक प्रानामि : आलिंगि धरिए : अभ्यंतर प्रबेस करावल : स्वहस्ते पाव पखालिए : पंचामृत भुंजावल : तदनन्तर बिप्र सुवर्ण्ण खातत सुतल : श्रीकृष्ण निजहस्ते पाव मर्द्दिए श्रम दुर कयकहु : बात पुचत।

भावार्थ–द्वारपाल की बात सुनकर कृष्ण तत्काल जाकर ब्राह्मण को प्रणाम कर आलिंगन करते हैं। उन्हें अंदर प्रवेश करवाया गया। अपने हाथों से पैरों को धोकर कृष्ण ने पंचामृत खिलाया। विप्र ने सुवर्ण विस्तर

में विश्राम किया। श्रीकृष्ण ने अपने हाथों से पैरों को दबाकर श्रम दूर कर पूछा–

श्लोक।। *कुशलं तव विप्रेंद्र किमर्थमिहामागत।*
पवित्रं कृतमस्माकं तत्पादरजसा गृहम्।।18।।

भावार्थ–श्लोक : हे विप्रराज! आप कुशल तो है? आप यहाँ किस प्रयोजन से आये हैं? आपके चरणों की धूल से हमारी गृहभूमि पवित्र हो गयी है।

कथा ।। हे गुरु : तोहो कुसले आवल : तोहारि पाद–रेनुए गृहसब पवित्र भेल : तोहारि भीष्मक राजा : कुखले थिक : स्वधर्म्मे कि प्रजा पालय : हामु कोन प्रयोजन साधु : ता आज्ञा करह।।

भावार्थ–कथा : हे गुरु! आप सकुशल तो आ पहुँचे! आपकी पद रेणु से हमारा गृह पवित्र हुआ। आपके भीष्मक राजा तो कुशल से हैं! स्वधर्म से प्रजा का पालन तो वे करते हैं न! हम आपके किस प्रयोजन में आ सकते हैं ,आप आज्ञा कीजिए।

श्लोक।। *एवं सभाजितो विप्रो निशम्येश्वरभाषितम्।*
प्रीत्या प्रत्याह प्रहसन् माधवं साधुबांधवम्।।19।।

भावार्थ–ईश्वर का ऐसा वक्तव्य सुनकर विप्र आनन्दित हुए। वे हँसते हुए साधुओं के बान्धव माधव से कहने लगे।

कथा ।। ताहे सुनिए : बेदनिधि बिहसि बोल।।

भावार्थ–कथा : उसे सुनकर वेदनिधि हँसते हुए बोले–

हे स्वामि श्रीकृष्ण : तुहु जगतक परम ईश्वर : तोहाक ए आखिए देखलु : अतःपर हामार कमन कुखल थिक। तुहु देवकी पुत्र : सोहि नहि : ब्रह्मा,महेस सेवित : श्रीनारायण : से तुहु भुमिक भार हरन निमित्त अवतार भेलि थिक : अ : तोहाक महिमा कि कहब । हामु जदर्थे आवलु ता सुनह : हामार बिदर्भराजनन्दनि रुकमिनि : भिक्षुक मुखे तोहारि गुनरूप सुनिए : मने स्वामि भावे बरल : से कन्याक बिबाह करिते : पापि सिसुपाल आवल : ताहे

देखिए राजकुमारि मरैचे। अ : हामु कि कहब : एक पतिआ लेखि पठावल थिक : ताहेक देखह।।

भावार्थ–हे स्वामी श्रीकृष्ण! आप जगत के परम ईश्वर हैं। आपको इन आँखों से देखा। अब तक हमारे साथ क्या अच्छा हो सकता था? आप देवकी पुत्र नहीं हैं। आप ब्रह्मा, महेश द्वारा सेवित श्रीनारायण हैं। आपने भूमि का भार हरण करने के लिए अवतार लिया है। आपकी महिमा क्या कहें! हम जिस कारण से आये हैं, वह सुनिए। हमारी विदर्भ राजकुमारी रुक्मिणी ने भिक्षुक के मुख से आपका रूप–गुण सुनकर मन में आपका स्वामीभाव से वरण किया। अब कन्या से विवाह करने के लिये शिशुपाल आया है। उसे देखकर राजकुमारी मृतप्राय हो रही है। आह! हम क्या कहें! एक पत्र लिख भेजा है, उसे देखिए–

ओहि बुलि रुकमिनिक पत्र : कृष्णक हाते देलह : श्रीकृष्ण सादरे धरिए : मुद भांगल : से बिप्रक बोल।।

भावार्थ–इतना कहकर रुक्मिणी का पत्र कृष्ण के हाथों दिया। श्रीकृष्ण ने सादर पत्र को खोला। उन्होंने विप्र से कहा–

हे गुरु : तुहु पाठ करह : हामु सुनिए रहो।।

भावार्थ–हे गुरु! आप ही पाठ कीजिए। मैं सुनता रहूँगा।

बिप्रे पत्र लोया पढ़इते लागल : श्रीकृष्ण एकचिते सुनिए थिक। आहेलोक : ताहे देखह सुनह : निरन्तरे हरि बोल।।

भावार्थ–विप्र पत्र लेकर पढ़ने लगे। श्रीकृष्ण ध्यान से सुनते रहे। हे लोगो! आप लोग उसे देखिए, सुनिए; निरन्तर हरि का नाम स्मरण कीजिए–

स्वस्ति श्रीपरमेश्वर : सकल सुरासुर बन्दित पादपद्मँः प्रपन्नजनतारण नारायण : श्रीश्रीकृष्णचरणसरोरुहेषु। रुक्मिण्या : सहस्रप्रणाम–लिखनं : कार्य्यञ्च : शिवमिह निवेदनञ्च।।

हे स्वामि : भिक्षुक मुखे तुया गुन रुप सुनिए : कायबाक्यमने तोहाक पतिभावे बरैचि। तथि पापि सिसुपाल : हामाक बिबाह करिते आवल थिक : जैचे सिंहक भार्य्याक निते : शृगाल चुम्पि रहय थिक। ताहे देखि भये दण्डे जुग जाइ : जानि हामि निज दासिक : सत्वरे

नेवसिया स्वामि। जब बोल तुहो अन्तेषपुरे रह : कुन परकारे भेंट पाञु : ततोचित उपाय कहु : हे नाथ ता सुनह : बिबाहक पुर्ब्ब देबसे: भवानीक मठे चलब : से समये हामाक हरि निया जाय । जेबे तुहु हेला कये नाहि नेवब : तेबे तोहात बध दिये : हामु प्रान चाड़ब। पापि सिसुपालक : छायाक हामु कबहु पावे नाहि परक्षु। ओहि जानि निज दासिक : हे नाथ : उद्धर उद्धर। तब चरनसरोरुहे किं बहु लेख्यमिति पत्रमिदम्।

भावार्थ–सुरासुरों के प्रातः स्मरणीय मंगलमय पादमद्म के अधिकारी आर्तजनों के तारक परमेश्वर श्रीकृष्ण के चरणों में कमल अर्पित करती हूँ। रुक्मिणी सहस्र प्रणाम लिखती है। इस शुभ काम के लिए निवेदन करती हूँ। हे स्वामी! भिक्षुक के मुख से आपका रूप–गुण सुनकर काय–वाक्य–मन से आपको पतिभाव से वरण किया है। उस पर पापी शिशुपाल मुझसे विवाह करने के लिए आया है। जैसे सिंह की भार्या को ले जाने के लिए सियार अवसर देखता रहता है, यहाँ की स्थिति भी ऐसी ही है। उसे देखकर भय से एक दण्ड का समय युग–सा लगता है। इतना जानकार अपनी दासी को शीघ्र ही लेने आइए स्वामी। यदि आप ऐसा कहे कि तुम अन्तेषपुर में रहती हो, किस प्रकार से भेंट होगी, कुछ उपाय कहो। तो सुनिए, विवाह के पूर्व दिवस मैं भवानी के मठ में जाऊँगी। उसी समय मुझे हरण कर ले जाइयेगा। यदि आप हमें नहीं ले जायेंगे, तब वध का दोष आप पर छोड़कर मैं प्राण छोडूँगी। पापी शिशुपाल की छाया को मैं पैर पाव से भी स्पर्श नहीं करूँगी। इतना जानकार हे नाथ! अपनी दासी का उद्धार कीजिए, उद्धार कीजिए। आपके चरण–कमलों में अर्पित इस पत्र में और अधिक क्या लिखा जाय!

श्लोक।। *निरीक्ष्य करुणं पत्रं पत्न्याः परमपुरुषः।*
प्रेमाश्रुलोचनस्तस्थौ म्लाननेत्रमुखांबुजः।।20।।

भावार्थ–श्लोक : परमपुरुष श्रीकृष्ण ने पत्नी का करुण पत्र निरीक्षण किया और उनका मुखपद्म म्लान हो गया, उनकी आँखों से प्रेमाश्रु झरने लगे।

सूत्र ।। तदनन्तर : रुकमिनिक सकारुण पत्र देखिए : श्रीकृष्णक ह्रदये ताप उपजल : कमल नयनक निर झुरये लागल : जैचन बिलाप कयल : ता देखह सुनह : निरन्तरे हरि बोल।।

भावार्थ–सूत्र : रुक्मिणी का सकरुण पत्र देख श्रीकृष्ण के हृदय में ताप हुआ। कमल नयन से पानी झरने लगा। किस तरह से उन्होंने विलाप किया, उसे देखिए, सुनिए। निरन्तर हरि का नाम स्मरण करते रहिए।

गित।। राग–गौरि ।। रूपक ताल ।।

धुं।। हरि हरि किना भेलि राजकुमारि
कमलनयन पुरि : बारि झुरावत :
घन घन फोकारे मुरारि।।

पद।। *करत कतनु तेरि : नारि निकारु :*
मोहे बिरह दहे आगि।
तोहो जब जिवन : बाला चोड़ह :
हऊँ तब तुया बध भागि।।1।।
तेरा दरसन : कैचन होइ
सुमरिते तनुमन तावे ।
मिलल अधिकहु हरिको आकुल :
कृष्ण किंकर रस गावे।।13।।

भावार्थ–गीत : हे हरि! राजकुमारी के साथ क्या नहीं हुआ? कमल–नयन से पानी झरने लगा। मुरारी घन–घन निःश्वास छोड़ने लगे। सकरुण भाव से नारी (रुक्मिणी) अनुरोध कर रही है। मुझे विरह की अग्नि लगी है। तुम ही जीवनाधार हो। अगर तुमने रुक्मिणी को छोड़ दिया, तो तुम वध के भागी होगे। तुम्हारा दर्शन कैसे होगा, रुक्मिणी तन और मन से उसी की चिन्ता कर रही है, वह तुम्हारा ही स्मरण कर रही है। हरि को लेकर वह अत्यन्त व्याकुल है। कृष्ण का किंकर इसी का गान कर रहा है।

कथा ।। कृष्णबोल।। हे बेदनिधि : तुहु कहिबार पात्र। जो दिवसे से पृयाक गुन–रूप सुनलु, सेहन्ते रुकमिनिक : मात्र धियान कय हामार मन थिक : से प्रान पृयाक : अवस्था कथा सुनिए : कैचे जिवन धरु। अये दारुक : सत्वरे रथ आनह : कुण्डिनक चलि कहु अतिक्षने जाञ : से पृयाक दुख सुनिए : प्रान रहये नाहि।।

भावार्थ–कथा : कृष्ण का बोल : हे वेदनिधि, आप सुनने के योग्य हैं। जिस दिन से उस प्रिय रुक्मिणी का गुण–रूप सुना, तब से केवल रुक्मिणी का ही ध्यान करता रहा। उस प्राणप्रिय की अवस्था सुनकर कैसे जीवन धारण करूँ? हे द्वारुक! अति शीघ्र रथ लाओ। कुण्डिन के लिए इसी क्षण जाता हूँ। उस प्रिय का दुख सुनकर मेरे प्राण नहीं रहते।

श्लोक।। *अथ रथमधिरुह्य केशवोह सौ*
सपदि च सारथिनोद्धवेन युक्तः।
करकृतधनुरीश्वरः प्रियाया
प्रेमाकुलः कुण्डिनमोजस्वान् ययौ।।21।।

भावार्थ–श्लोकः केशव ने रथ में आरोहण कर सारथी और उद्धव के साथ हाथ में धनुष और तीर लेकर प्रिय के प्रेम में आकुल होकर कुण्डिन के लिए यात्रा की।

सूत्र ।। ताहे सुनि दारुक तत्तकाले रथ जोगावल : पेखि श्रीकृष्ण ब्राह्मनक हाते धरिए : रथ उपरे तुलि : हाते सरचाप धरि कहु : उद्धव सहिते : तथि चड़ल : दारुक महाबेगे रथ डकावल : श्रीकृष्णक जैचे चललि : ताहे देखह सुनह : निरन्तरे हरिबोल।।

भावार्थ–सूत्र : कृष्ण का आदेश सुनकर दारुक ने तत्काल रथ का आयोजन किया। श्रीकृष्ण ने ब्राह्मण का हाथ पकड़कर उन्हें रथ पर चढ़ाया और स्वयं हाथ में धनुष और तीर सँभालकर उद्धव के साथ चढ़े। दारुक ने महावेग से रथ चलाया। श्रीकृष्ण किस तरह चले, उसे देखिए, सुनिए; निरन्तर हरि का नाम स्मरण कीजिए।

गित।। राग–माहुर धनश्री।। परिताल।।

कुण्डिनक आवत मोहन मुरारु।
कोटि इन्दुनिंदि : बदन बिराजु :
कर सारंग सर धारु।।ध्रुं।।

पद।। स्याम मुरुति पित : अम्बरु अम्बुद :
तड़ित जड़ित जैच सोहे।

रतन मुकुट मनि : कुण्डल डोलित :
हासि जगत जन मोहे।।1।।
भुजजुग केजुर कंकन आँगुलि :
आँगुरि रतन बिकास।
मंजिर रंजित : चरन सरोरुह :
संकर कह हरि दास।।2।।13।।14।।

भावार्थ–गीत : मोहन मुरारि कुण्डिन के लिए आते हैं। उनके हाथों में मदन का धनुष है। करोड़ों चन्द्रमाओं को निन्दित कर उनका बदन शोभायमान है। उनकी मूर्ति मेघ की तरह श्याम है, उस पर वे पीताम्बर से शोभित हैं। कुण्डल में रत्न, मणि, मुक्ता जड़ित हैं। उनके हँसने से जगतजन मोहित हो जाते हैं। उनकी भुजाओं में अलंकार हैं, अँगुली में अँगूठियाँ है। अँगूठी में रत्न हैं। उनके पैरों में नूपुर सुशोभित हैं। हरि का दास शंकर उनकी कथा कह रहा है।

कथा ।। ओहि परकारे : कृष्णक रथ बाउ बेगे चले : तथि आलोल्य ब्राह्मन बेदनिधि रथबेगे श्रुतिभंग हुया परल : हातपाव थिर भेल : पेट उफन्दल : नासात निस्वास नाहि निःसरे : जैचे मृतक : तद्वत अचेतन भेल : ताहे पेखिए श्रीकृष्ण हाहा बुलि सिरे जल सिंचिए फुंकि धातु आनल।।

भावार्थ–कथा : इस प्रकार से कृष्ण का रथ वायुवेग से चलता है। रथ के वेग से ब्राह्मण वेदनिधि श्रुतिभंग होकर गिर गये। हाथ–पाँव सब स्थित हो गये। पेट फूल गया। नाक में निःश्वास नहीं रहा। मृतक की तरह वे अचेतन हो गये। उन्हें देखकर श्रीकृष्ण ने हाय–हाय कहते हुए सिर पर पानी डालकर उन्हें सचेत किया।

कृष्ण बोल ।। हे बेदनिधि : स्वस्थ हव, स्वस्थ हव।।

भावार्थ–कृष्ण का बोल : हे वेदनिधि, स्वस्थ हो जाइए, स्वस्थ हो जाइए।

कृष्णक आस्वास सुनिए : किचे चेतन पाइ : बिप्र बोल।।

भावार्थ–कृष्ण का आश्वासन पाकर वेदनिधि को कुछ चेतना आयी, वे बोले–

हे बापु : तुहु बा के : हामु बा कुन? किनिमित्त एथा आवलु थिक।। कृष्णबिहसि बोल ।। हामु द्वारकार कृष्ण : तुहु बेदनिधि : रुकमिनि पठावलः तन्निमित्त तुहु हामु कुण्डिने चलैचि ।

भावार्थ–हे बापू, आप कौन हैं, और हम कौन हैं? यहाँ क्यों आये हैं? हँसते हुए कृष्ण बोले : मैं द्वारका का कृष्ण हूँ। आप वेदनिधि हैं। रुक्मिणी ने भेजा है। इसीलिए आप और हम कुण्डिन के लिए जा रहे हैं।

सूत्र ।। ताहे सुनिए बिप्र बाहु मेलि कृष्णक धरल।।

भावार्थ–सूत्र : यह सुन वेदनिधि ने बाँहें फैलाते हुए कृष्ण का आलिंगन किया।

बिप्र बोल।। हाहा बाप बर्त्तलु : हामु क्षनेके मरि याञोँ : तोहाक निमिते पुनु उपजलो।

भावार्थ–बिप्र का बोल : हाहा बाप, बच गया, बच गया। मैं तो इसी क्षण मर जाता। आपके कारण फिर से जीवन मिला।

सूत्र।। ब्राह्मन कम्पय देखि : श्रीकृष्ण आस्वास बुलि स्वस्थ कयल।।

भावार्थ–सूत्र : ब्राह्मण का कम्पन देखकर श्रीकृष्ण ने आश्वासन देकर स्वस्थ किया।

श्लोक।। *ततो विप्रं प्रभुः प्राह गच्छ त्वं सत्वरं गुरु।*
मदागमनमाख्यासि प्रियायाः प्रीतिमावाहन्।।22।।

भावार्थ–श्लोक : तब विप्र को प्रभु कृष्ण ने कहा, आप तुरन्त जाइए और प्रिय के प्रेमभाव की वृद्धि करनेवाले मेरे आगमन की सूचना दीजिए।

कथा ।। तदनन्तर : श्रीकृष्ण कुण्डिन समिप पाइ : बिप्रक बोल।।

भावार्थ–कथा : तब कुण्डिन के समीप पहुँचकर कृष्ण ने विप्र से कहा।

हे गुरु : तोहो आगु हया चलह : से प्रानपृया नैरासा देखिए : प्रान छाड़ब : हामार आगमन रुकमिनित कह गिया।।

भावार्थ–हे गुरु, आप आगे चलिए। प्राणप्रिया निराश होकर प्राण छोड़ देगी। जाइए हमारे आने की सूचना रुक्मिणी को दे दीजिएगा।

बिप्र सुनिए कृष्णक आशिर्ब्बाद कय कहो : आगु हुया चलल। इ कथा रहोक। रुकमिनिक बृत्तांतसुनह।।

भावार्थ–विप्र कृष्ण को आशीर्वाद देते हुए आगे चले। कथा यही रहे। कृष्ण का वृत्तान्त सुनिए।

श्लोक।। *विलम्बं वीक्ष्य विप्रस्य रुक्मिणी राजनन्दिनि।*
चिन्तां दुरंतामासाद्य रुरोद सन्निधौ।।23।।

भावार्थ–श्लोक : राजनन्दिनी रुक्मिणी विप्र को विलम्ब होते देख अत्यन्त चिन्तित हुई और सखियों के सम्मुख क्रन्दन करने लगी।

कथा ।। तदनन्तर : बिप्रक बिलम्ब देखि : रुकमिनिक मने
चिन्ता मिलल ।। मदनमंजरिक बोल।।

भावार्थ–कथा : विप्र को विलम्ब होते देख रुक्मिणी को चिन्ता होती है। मदनमंजरी से कहा–

हे सखि : हामार परम अनर्थ मिलल : आजु अधिबास : कालि बिबाहक दिवस : से बेदनिधि कृष्णक आनए नाहि पारि : लज्जाए नावल : हाहा अब स्वामिक आसा छेद भेल।।

भावार्थ–हे, ईश्वर मेरा परम अनर्थ हुआ। आज अधिवास है, कल विवाह का दिन है। वेदनिधि कृष्ण को ला नहीं पाए और लज्जा से वे नहीं आए। हाय, कृष्ण स्वामी की आशा यहीं समाप्त हुई।

ओहि बुलि कुमारि : जैचे क्रन्दन कयल : ताहे देखह सुनह : निरन्तरे हरि बोल।।

भावार्थ–ऐसा कहकर कुमारी किस तरह क्रन्दन करने लगी, उसे देखिए सुनिए। हरि का नाम निरन्तर स्मरण करते रहिए।

गित।। राग गौरि ।। विसम ताल।।

माइ माधव अब कयलि मेरि नैरास।
पन्थ नेहारि : राजकुमारि : फोकारे घने निस्वास।।ध्रुं।।

पद ।। *परम पुरुष : केशव बिनो :*
बिफल जनम मोइ।
मिलल मरन कृष्ण चरन :
दरसन नाहि हुइ।।
हामु अभागि : लागि जानलु :
जिवन नाथ नावे।
मुरुचि पड़ल : चेतन हरल
रमनिसंकरे गावे।।2।। ।।15।।*

भावार्थ–गीत : माधव ने हमें निराश किया। इस तरह राजकुमारी वेदनिधि के आने की राह देखते हुए घन–घन निःश्वास छोड़ रही है। परमपुरुष कृष्ण के बिना मेरा जनम निष्फल है। कृष्ण के चरणों का दर्शन नहीं हुआ और हमें मृत्यु मिल रही है। हम अभागिन हैं। हमारी जीवन–नाव नाथ में आ लगी है। शंकर गाता है कि रमणी (रुक्मिणी) मूर्च्छित होकर गिर पड़ी और वह अचेतन हो गयी।

कथा ।। ऐचन क्रंदन कए बाला :मुर्चित हया परल : सखि सब देखिए : हाहा बुलि बाहु मेलि धरिकहु प्रबोध बोलल।।

भावार्थ–कथा : इस तरह क्रन्दन करती हुई बालिका मूर्च्छित होकर गिर पड़ी। सखियों ने देखकर हाय–हाय करते भुजाओं का सहारा देकर प्रबोध दिया।

सखि मदनमंजरि बोल ।। हे सखि : स्वस्थ हव : स्वस्थ हव : से श्रीकृष्ण तोहाक निमिते अवश्ये आवब :जाकेरि नाम मात्रे : महा महा पापिसबो संसार निस्तरे : से भकतक बांधव माधव : तोहाक नाहि रक्षा करब : प्रानसखि : ओंहि संका छाड़ह : हामाक सपत उठह उठह ।।

भावार्थ–मदनमंजरी का बोल : हे सखी, स्वस्थ हो जाओ, स्वस्थ हो जाओ। श्रीकृष्ण तुम्हारे लिए अवश्य आयेंगे। जिनके नाममात्र से महापापियों को संसार से निस्तार मिलता है, वही हैं भक्तों के बान्धव माधव। वे तुम्हारी रक्षा नहीं करेंगे? प्राण, उनकी चिन्ता मत करो। हमारी शपथ है, उठो, उठो।

श्लोक।। *ततः उत्थाय सा बाला विनिःस्वस्य पुनः पुनः।*
रुरोद करुणं बाला स्मृत्वा कृष्णपदाम्बुजम्।। 24।।

भावार्थ–श्लोक : तब राजकुमारी उठकर घन–घन निःश्वास छोड़ करुण भाव से कृष्ण के पदयुगल का स्मरण कर क्रन्दन करने लगी।

कथा।। कुमारि चेतन लभि कहु : निस्वास फोकारि : हाते बदन चड़ाइ बैठल : सखिसबक बोल।।

भावार्थ–कथा : कुमारी चेतना प्राप्त कर निश्वास छोड़ हाथ पर मुँह का भार डालकर बैठी। सखियों से बोली–

हे मदनमंजरि : हे सखि लिलावति : हामार बिहि बंक भेल : बेदनिधि गैयाकहु बाहुरि नावल : प्रानकृष्णक बात्रा किचो नाहि पावलु : हाहा ओहि जनमे से स्वामिक चरन : दरसन दुल्लभ भेल।।

भावार्थ–हे मदनमंजरी, हे लीलावती, हमारा भाग्य टेढ़ा हो गया है। वेदनिधि गये, पर अब तक नहीं आये। प्राणकृष्ण तक वार्ता पहुँच ही नहीं पायी। हाय–हाय, इस जनम में स्वामी का दर्शन दुर्लभ हो गया।

ओहि बुलि पुनुजैचे क्रंदन कयल बाला : ताहे देखह सुनह : निरन्तरे हरि बोल।।

भावार्थ–इस तरह फिर से जिस तरह बालिका ने क्रन्दन किया, उसे देखिए, सुनिए। निरन्तर हरि का नाम स्मरण करते रहिए।

गित।। राग–गौरि।। जौतिमान ।।

माधव मेरि बिछुरि अब नावल।
हरि बिरहानले चेतन गरि।।
नावल आवहु बाहुरि द्विजनन्दन।
कह कैचन सखि जिवन धरि।। धुं।।

पद।।
ओँहि सिसुपाल काल भेलि मेरि।
हेरि हरत चेतन तनु खिन।।
हामु अभागि बिहि बंकिम हामारि।
प्रान पिउ कैचन कयलि बिहिन।।

करबि कमन उपाइ पुनु पाइ :
अबधि बिबाह रयनि मह थिक।
हेरब–आवरि हरिको नाहि चरना।
कह संकर झुरे रमनि अधिक।।2।। ।।16।।*

भावार्थ–गीत : माधव मुझसे बिछुड़ गये हैं और अब तक नहीं आए हैं। हरि की विरहाग्नि में चेतना चली गयी है। द्विजनन्दन अब तक नहीं आए। कहो, किस तरह से जीवन धारण करती रहूँ। वह शिशुपाल मेरा काल बन गया है। मेरी चेतना का हरण हो गया है, शरीर क्षीण होता जा रहा है। मैं अभागिनी हूँ, मेरी विधि टेढ़ी हो गयी है। मुझे प्रिय से वंचित क्यों किया? फिर से क्या उपाय किया जाय। विवाह के लिए रात भर बाक़ी है। मुझे हरि के चरण नहीं छोड़ने। शंकर कहता है कि इस तरह रमणी क्रन्दन करती रही।

कथा ।। ऐचन बिलाप कये बाला : हरिक बिरहे मुर्च्चित हया परल : देखि सखिसबहाहा बोलि : सिरे जल सिंचिए : आंचोरे बिंचय : काहु आंकोआलि तुलि बैठाइ : मधुर बानि बोल।।

भावार्थ–कथा : इस तरह विलाप करती हुई बालिका हरि के विरह में मूर्च्छित होकर गिर पड़ी। इसे देख सखियों ने हाय–हाय करते हुए उसके सिर पर पानी डाला, आँचल से पंखा झला, किसी ने प्यार से उठाया, मधुर वाणी कही–

हे प्रानसखि : आजु दिवस नाहि जाइ : ऐचन ताप कैचन करसि : से कृपामय माधव : तोहाक मनोरथ निश्चयेपुरब : दुरन्त चिन्ता छाड़ह।।

गावार्थ–हे प्राणसखी, अब भी आज का दिन समाप्त नहीं हुआ। क्यों ताप कर रही हो? कृपामय माधव तुम्हारा मनोरथ निश्चय पूरा करेंगे। चिन्ता छोड़ दो।

ताहे सूनिए : कुमारि हेठमाथे रहल थिक। सोहि समए रुकमिनिक : बाम ऊरु कर आखि फान्दिए गेल : ताहे देखिए : हरषे बोल।।

भावार्थ–उसे सुन कुमारी सर नीचे झुकाकर बैठी रही। उसी समय रुक्मिणी की बायीं जाँघ, हाथ और आँख फड़कने लगे। उसे देख हर्षित होकर बोली–

आहे सखिसब : हामार बाम अंग फान्दे : कुन सुभ बात कहे : इहा नाहि जानु।।

भावार्थ–हे सखियो! मेरे बायें अंग फड़कने लगे हैं। क्या शुभ बात होगी, यह नहीं जानती।

ओँहि बुलि कुमारि रहल थिक।।

भावार्थ–यह कहकर कुमारी बैठी रही।

श्लोक।। *साधितार्थो द्विजः प्रागात् प्रीत्युत्फुल्लविलोचनः।*
नापतत् चरणौ तस्य धरण्यां हर्षवेगतः।।25।।

भावार्थ–श्लोक : कार्य साधन कर विप्र उत्फुल्लित और हर्षित होकर हँसते हुए आए हैं। आनन्द में मानो उनके पाँव ज़मीन में नहीं पड़ते, मानो वे उड़कर आ रहे हों।

कथा।। तदनन्तर : देवि देखल : आति आनन्दे बेदनिधि : हरिष बेगे आवल : माटित पाव परए नाहि। बिप्रक मुख पेखि जानल : हामार प्रान पिउ आवल : भरि पाँच–सात आग बाढ़ि गिया : बिप्रक प्रनाम कयल।।

भावार्थ–कथा : तब देवी ने देखा कि अति आनन्दित होकर वेदनिधि शीघ्रता से आ रहे हैं। भूमि पर उनके पाँव नहीं पड़ते। विप्र का मुख देखकर ही उसने जान लिया कि प्राणप्रिय कृष्ण को ले आए। आनन्द में आगे बढ़कर उसने विप्र को प्रणाम किया।

वेदनिधि बोल ।। हे राजनन्दनि : तुहु चिरंजीव चिरंजीव : तोहाक प्रयोजन सब साधलु। से यदुनन्दन तोहाक निमिते : अन्नपान सब छाड़ल : निसि निद्रा करत नाहि : हे माता : कृष्णक दुख कि कहब : केवल तुहाक मात्र : धियान कय रह : अब ओंहि नगर प्रबेस कयल : तोहो सत्वरे दृढ़ हुया रह : सब मनोरथ आजु श्रीकृष्ण पुरब।।

भावार्थ–वेदनिधि का बोल : हे राजनन्दिनी, तुम चिरंजीवी हो। तुम्हारा प्रयोजन हमने साधन किया। यदुनन्दन ने तुम्हारे कारण खाना–पीना सब छोड़ दिया है। रात को शयन भी नहीं करते। हे माता, कृष्ण के दुख का क्या कहें? केवल तुम्हारा ही ध्यान करते रहते हैं।

अब उन्होंने नगर प्रवेश किया है। दृढ़ बनी रहो। आज कृष्ण तुम्हारा मनोरथ पूर्ण करेंगे।

ओहि सुनि देविक आनन्दे लोतक झुरे : बिप्रक प्रनाम कय बोल।।

भावार्थ–यह सुनकर आनन्द में देवी के आँसू निकल आये। उसने विप्र को प्रणाम करते हुए कहा–

हे पिता : बापे उपजाइल मात्र : तुहु प्रानदान देवल : तोहाक
गुन सुजये नाहि पारु : कि प्रसाद देउँ।

भावार्थ–हे पिता, बाप ने मात्र जन्म दिया है, आपने प्राणदान दिया। आपके ऋण से उऋण नहीं हो पाऊँगी। आपको क्या प्रसाद दूँ।

वेदनिधि बोल ।। हे माता : हामार आसिर्ब्बादे श्रीकृष्ण सहित
: तोहाक सुबसति होक : तब हामार सकल प्रसाद भेल।।

भावार्थ–वेदनिधि का बोल : हे माता, मेरे आशीर्वाद से श्रीकृष्ण के साथ तुम अच्छी तरह से बसो। वही मेरा प्रसाद है।

ओहि बुलि बिप्र निज बाड़ि चलल। तदनन्तर : रुकमिनिक
ज्येष्ठभ्राता रुक्मिकुमार : से आसिकहु : बोलल।।

भावार्थ–यह कहकर विप्र अपने घर गये। तब रुक्मिणी का ज्येष्ठ भ्राता रुक्मीकुमार वहाँ आया और बोला–

आहे भगिनि : तुहु आतिसत्वरे भुसित हया : सखिसब सहिते :
भवानीक मठे चलह : आजु अधिबास : कालि बिबाहक दिवस :
देविक पुजा कर गिया : आति सत्वरे चलह ऐ चलह।।

भावार्थ–हे भगिनी! तुम शीघ्र भूषित होकर सखियों के साथ भवानी के मठ चलो। आज अधिवास है, कल विवाह का दिवस है। देवी की पूजा करने अति शीघ्र चलो, अरे चलो।

श्लोक।। *निशम्य बचनं भ्रातुर्भूषयित्वाथ भूषणैः।*
जगाम सखिभिः साकमात्मानमम्बिकालयम्।।26।।

भावार्थ–श्लोक : भाई का वचन सुनकर अलंकार से विभूषिता होकर रुक्मिणी अपनी सखियों के साथ देवी अम्बिका के मठ के लिए गमन करती है।

कथा ।। भ्राताक बाक्य सुनि कहु : कुमारि सखिसब सहित : भुसित हया जैचन चललि : ताहे देखह सुनह : निरन्तरे हरिबोल हरि।।

भावार्थ–कथा : भाई का वाक्य सुनकर कुमारी सखियों के साथ भूषित होकर जिस तरह चली, उसे देखिए, सुनिए; निरन्तर हरि का नाम स्मरण करते रहिए।

गित।। राग–माहुर।। परिताल।।

।। ध्रुं।।रंगिनि सखि संगिनि बाला।
चललि जैचे चान्दकेरि काला।।

पद।।

पह्रिए पट्टम्बर लहु लहु धाइ।
मत्त गजगामनि कामिनि माइ।।
ओतिम मोतिम माला लुले।
हेरिते हासि भुवन मन भुले।।
हरिकहु चरन चिन्तिए चलि जाइ।
कृष्ण किंकर ओहि संकर गाइ।। ।।17।।*

भावार्थ–गीत : बालिका रंगिनी सखियों के साथ चन्द्रकला की तरह चली। वह पाट का वस्त्र पहनकर धीरे–धीरे जा रही है। वह कामिनी मदमस्त गज की तरह गमन कर रही है। उत्तम मोतियों की माला डोल रही है। उसकी हँसी देखकर भुवन का मन मोहित हो जाता है। वह हरि के चरणों की चिन्ता करती हुई चली जा रही है। कृष्ण का किंकर शंकर उसी का गान कर रहा है।

कथा ।। तदनन्तर : से राजकुमारि : सखिसब सहित : भवानीक मठ पाइ कहु : पाव पखालिए : नानाबिध नैवद्य दिए : देविक पुजा कयल : तुतिनति करिए : बर साधल : देविक आगु परिए बोल।।

भावार्थ–कथा : तब वह राजकुमारी सखियों के साथ भवानी के मठ पहुँचकर पैर खँगालती है। नाना विध नैवेद्य चढ़ाकर उसने देवी की पूजा की। स्तुति करते हुए वर माँगा। देवी के सामने सर नवाकर बोली–

हे माता भबानिः स्वामि श्रीकृष्ण हामाक : अबिधिनिए नेहन्तोक : तोहाक चरने अतये साधो।

भावार्थ–हे माता भवानी! स्वामी कृष्ण विघ्नहीन होकर हमें ले जायें, उसके लिए तुम्हारे चरणों में प्रार्थना करती हूँ।

ओहि बर प्रार्थिए : कुमारि तथि रहल थिक।।

भावार्थ–देवी की प्रार्थना करने के बाद कुमारी वहीं रही।

श्लोक।। *कृष्णः कुण्डिनमगत्य विप्रं प्रस्थाप्य सादरम्।*
दारुकोद्धवसंयुक्तः प्रविवेश विभुः सभाम्।।27।।

भावार्थ–श्लोक : कृष्ण ने कुण्डिन आकर विप्र को सादर विदाई सम्भाषण देकर दारुक और उद्धव के साथ सभा में प्रवेश किया।

सूत्र ।। तदनन्तर : श्रीकृष्ण बिप्रक आगु पठाइ कहु : दारुक
उद्धव सहिते : जैचे सभामध्ये प्रबेस कयल : ताहे
देखह सुनह : निरन्तरे हरि बोल हरि।।

भावार्थ–सूत्र : तब श्रीकृष्ण ने विप्र को पहले भेजकर दारुक और उद्धव के साथ जिस तरह सभा में प्रवेश किया, उसे देखिए, सुनिए। निरन्तर हरि का नाम स्मरण करते रहिए।

गित।। राग गौरी।। एकतालि।।

धुरा।। मेरि मधाइ आवत आनन्द मने।
पेखि भुलल रूप पौरजने।।

पद।। *पंकज बयन नयने करु पान।*
हेरि ह्दये मने मिलल धियान।।
स्याम रुचिर तनु पित पिचोरा।
नव निरद जच बिजुरि उजोरा।।
चरन रंजित मनि नुपुर बिकास।
कह संकर हरिदासकु दास।। ।।18।।*

भावार्थ–गीत : आनन्द मन से माधव आये हैं। उन्हें देखकर नगरवासी मोहित हो गये। नयनों ने उनके पंकज बदन का पान किया। उन्हें देखकर ह्दय में उनका ध्यान किया। उनका शरीर श्याम वर्ण का है, उनके कपड़े का रंग पीला है। मानो नये मेघ के बीच बिजली का प्रकाश हो।

उनके चरणों में मणियुक्त नूपुर हैं। हरिके दासों का दास शंकर यह कथा कह रहा है।

कथा।। श्रीकृष्ण ऐचन प्रबेस कय : राजमण्डलि मध्ये बैठल : जैचन नक्षत्र माझे पुन्निमाक चान्द : परकस कए थिक। श्रीकृष्णक रूप सम्पत्ति पेखिए : सबलोक भुलल : मुखपंकजक जैचे नयने पान करत। बिपक्ष नृपसब त्रैलोक्य चमत्कार : बिरप्रताप देखिए : परम भय भेल : अन्यो अन्ये कर्न्ने कर्न्ने कहे।।

भावार्थ–कथा : श्रीकृष्ण प्रवेश कर राजमण्डली के बीच बैठे मानो नक्षत्रों के बीच पूर्णिमा का चाँद हो। श्रीकृष्ण की रूप सम्पत्ति देख सब लोग मोहित हो गये। मानो मुख पंकज को नयन पान करने लगे। विपक्ष के राजा त्रैलोक्य के वीर का प्रताप देखकर अत्यन्त भयभीत हुए और एक–दूसरे से कानों–कान कहने लगे।

ओहि कृष्णक युद्ध करिते : सिसुपाल आसा करिए थिक : अ : उनिकर संगे सबहि मरब : अए भाइसब : उठह उठह : जावत युद्ध नाहि हय : आगु देशे जाञु।

भावार्थ–शिशुपाल उन्हीं कृष्ण से युद्ध करने की इच्छा रखता है। हा, उसके साथ सब मरेंगे। अरे भाइयो! उठो, उठो। जाते हैं, युद्ध नहीं होगा। चलो, अपना–अपना देश चलें।

तदनन्तर : राजा जरासन्धे देखल : राजसब कृष्णक भये कम्पित भेल : हात निसाने निसेधि बोलल।।

भावार्थ–राजा जरासन्ध ने देखा कि सभी राजा कृष्ण के भय से काँपने लगे हैं। हाथों के संकेत से मना करते हुए वह बोला–

अ : हामु बिद्यमान थाकिते : काहेक भय थिक : हे राजासब : क्षित्रियर बेवहार नोहे : निर्भये रह निर्भये रह।।

भावार्थ–हमारे रहते किसका भय है? हे राजाओ! यह क्षत्रिय का व्यवहार नहीं है। निर्भय होकर रहिए, निर्भय होकर रहिए।

तनिकर गरिहा सुनिए : नृपसब अंतर्गत भये : हेठमाथे रहल।।

भावार्थ–उसकी भर्त्सना सुनकर सभी राजा सर नवाकर रह गये।

ए कथा रहोक : रुकमिनिक बृतांत सुनह।

भावार्थ—यह कथा यही रहे, रुक्मिणी का वृत्तान्त सुनिए।

श्लोक।। *भिः सह वैदर्भी कृष्णदर्शनलालसा।*
ललिता लीलया गत्या जगामाथाम्बिकालयात्।।28।।

भावार्थ—श्लोक : सखियों के साथ रुक्मिणी कृष्ण दर्शन की लालसा से धीर गति से जगमगाती अम्बिका के मन्दिर से निकल आयी।

सूत्र ।। तदनन्तर : राजनन्दनि रुकमिनि : सखिसब सहिते : कर्प्पुर—ताम्बुल भोजन कय : एक सखिक हाते धरिए : कहु : कृष्ण दरसन निमित्ते : परम आकुल चिते : लिलागति करिए : राजसभा समिप चलल : ताहे देखह सुनह : निरन्तरे हरि बोल।।

भावार्थ—सूत्र : तब राजनन्दिनी रुक्मिणी सखियों के साथ कर्पूर, ताम्बुल आदि का भोजन कर एक का हाथ पकड़कर कृष्ण के दर्शन के निमित्त परम आकुल हृदय से राजसभा के समीप पहुँची, उसे देखिए। निरन्तर हरि का नाम स्मरण करते रहिए।

गित।। राग माउर धनश्री।। दोमानि—जतिताल।।

चाँदमुखि पेखिते मधाइ।
चलति लिलागति भुवन भुलाइ।।ध्रुं।।

पद।। *कनक किंकिनि ध्वनि झनके मंजिर मनि :*
दोले हृदये हेममाला।
चंचल लोचन मन : हेरय रमनि घन :
हरि बयन बरबाला।।1।।

सखिसब संगे खेले : जैचन नक्षत्र मेले :
सुचान्द चान्दक कालासोहे।
रूप रुकमिनिकेरि : राज समाजे हेरि
परल सबहि मन मोहे।।2।। ।।19।।

भावार्थ—गीत : माधव का चन्द्रमुख देखने के लिए लीलागती से रुक्मिणी भुवन को मोहित कर चली। स्वर्ण के कंगनों की ध्वनि है,

मणियुक्त घुँघरू बज रहे है। हृदय में स्वर्ण की माला डोल रही है। उसके नयन और मन चंचल हैं। वह श्रेष्ठ रमणी बार–बार हरि का बदन देख रही है। वह सखियों के साथ इस तरह से खेलती हुई जा रही है मानो नक्षत्र के मेले में चन्द्रमा की ज्योति शोभित होती है। रुक्मिणी का रूप राजसमाज ने देखा और सबके मन में मोह का उदय हुआ।

कथा ।। तदनन्तर : रुकमिनिक नविन जौबन रूप यौवन देखिए : जत राजासब कामबाने मुर्च्छित हया : आसन हन्ते ढलि ढलि परल। बिह्वलभावे काहु करजोड़ि बोल।।

भावार्थ–कथा : रुक्मिणी का नवीन रूप–यौवन देखकर सभी राजा काम–बाण से मूर्च्छित होकर आसन गिर पड़े। विह्वल होकर हाथ जोड़कर कहा।

हे प्रानेश्वरि : कामसागरे निस्तार करह। काहु आँगुलि मुखे लया बोल।।

भावार्थ–हे प्राणेश्वरी, कामसागर से हमारा उद्धार करो। किसी ने उँगली मुँह में डालते हुए कहा–

हे प्रान–प्रिये : मदने मन मर्द्दय : हामाक हास्य निरीक्षन करह।।
काहु दन्तेखेड़ कामुरिए बोल।।

भावार्थ–हे प्राणप्रिये, मदन ने मन का मर्दन किया है, हँसते हुए हमारा निरीक्षण करो। किसी ने दाँत में तृण दबाते हुए कहा–

हे राजकुमारि : तोहाक निमिते कामबाने फुटि प्रान छुटि जाइ : चरनक दास भेलु : हाते परसि हामाक जिवाव : सब महादेइक दासि करि देञु।।

भावार्थ–हे राजकुमारी, तुम्हारे कारण काम बाण से प्राण छूट जाते हैं। हम तुम्हारे चरणों के दास हुए। हाथ के स्पर्श से हमें जीवनदान दो। हम सब महारानियों को तुम्हारी दासी बना देंगे।

कामे मत्त हया : इत्यादि नाना बिभत्स भावना कयल राजसबःपेखि रुकमिनिक सखिसब काहुक ठेंगना देइ : काहुक गोड़े मारि भर्चयः । तथापि राजासब : कामातुर हुया : कुमारिक कातर कये थिक। आहे

लोक : हरिभकति बिहिन : कामातुरक दुख देखह। इहा जानि हरिक चरन चिन्तिए : हरिबोल हरि।।

भावार्थ–काम में आतुर होकर राजाओं ने नाना वीभत्स बातें कहीं। इसे देख रुक्मिणी की सखियाँ किसी को धकेल देती हैं तो किसी को लट्ठ मारकर भर्त्सना करती हैं। फिर भी राजा कामातुर होकर कुमारी से कातर विनती करते रहे। हे लोगो ! हरिभक्ति विहीन कामातुर का दुख देखिए। यह जानकर हरि के चरणों की चिन्ता कर हरि का स्मरण कीजिए।

श्लोक।। *कृष्णोहपि क्षोभितं चित्तं स्थिरकृत्वा जहार ताम्।*
इक्षतां द्विषतां मध्यात् मृगाणां केशरी यथा।।29।।

भावार्थ–श्लोक : जिस तरह सिंह अनेक पशुओं के बीच में से हिरण को ले जाता है, उसी तरह कृष्ण दुखी मन स्थिर कर देख रहे राजाओं के बीच में से रुक्मिणी को हरण कर ले गये।

सूत्र ।। तदनन्तर : श्रीकृष्ण रुकमिनिक : रूपलावन्य देखिए : मोहित हुया : कथंकथमपि चित्त सांत कयल। रुकमिनि सखिसब सहिते : लिलागति चलिते : कृष्णक देखल : भाटक मुखे जैचन गुन रूप सुनल : ताहातो अधिक साक्षाते देखल : ओंहि कृष्ण स्वामि बुलि मने प्रनाम कयल : लज्जा हास्य करिए : अधोमुखि हुया रहल। श्रीकृष्ण तत्तकाले उठि कहु : राजसभामध्ये हन्ते : रुकमिनिक हरि लया : आपुन समिप कयल। जैचन मृगजुथ मध्य हन्ते : सिंहे निज भाग लैया जाइ : तद्वत् : कुमारिक हाते धरिए : आपुन रथे तुलिए : रुकमिनि सहित : श्रीकृष्ण जैचे लिलाए चलल : आहे लोक : ता देखह सुनह : निरन्तरे हरिबोल।।

भावार्थ–सूत्र : उसके बाद श्रीकृष्ण रुक्मिणी का रूप–लावण्य देखकर मोहित हुए और उन्होंने किसी तरह चित्त को शान्त किया। रुक्मिणी सखियों के साथ लीला करती हुई चलती है और कृष्ण को देखती है। भाट के मुँह से कृष्ण के रूप–गुण का जैसा वर्णन सुना था, वास्तव में उससे भी अधिक पाया। उसने कृष्ण को स्वामी मानकर मन–ही–मन प्रणाम किया। वह लजाती हुई हँसी और अधोमुखी होती रही। तत्काल श्रीकृष्ण उठे और राजसभा के बीच से रुक्मिणी को हरण कर साथ ले गये।

जिस तरह पशुओं के बीच से सिंह अपना शिकार ले जाता है, वैसे ही कुमारी का हाथ पकड़कर अपने रथ में चढ़ाकर रुक्मिणी के साथ श्रीकृष्ण जिस प्रकार लीला करते हुए चले, हे लोगो, उसे देखिए, सुनिए और निरन्तर हरि का नाम स्मरण करते रहिए।

गित।। राग–माउर धनश्री ।। एकतालि ।।

लहु लहु गति धाइ : प्रिया संगे रंगे जाइ ।
हरि हासि हासि चाइ : जैचे मत्त सिंहराइ।। ध्रुं।।

पद।। *रूपे भुबन जिनि : सखि समे रुकमिनि।*
चले बामा मध्य खिनि : झनके मंजिर मनि।।
पिउ मुख बेरि बेरि : लज्जित नयने हेरि।
कह संकरकेरि : गति गोविन्द मेरि।। ।।20।।*

भावार्थ–गीत : धीर गति में प्रिया के साथ रंग करते हुए, हँसते हुए मत्त सिंह की तरह कृष्ण जा रहे हैं। अपने रूप–लावण्य से भुवन को जीतने वाली रुक्मिणी सखियों के साथ मध्यमणि होकर जा रही है। झन–झन शब्द करते हुए नूपुर बज रहे हैं। वह बार–बार प्रिय का मुख देखती है और लज्जित होती है। शंकर कहता है कि गोविन्द मेरी गति अच्छी करें।

कथा ।। तदनन्तर :श्रीकृष्ण रुकमिनिक हाते धरिए : हासि हासि प्रियाक मुख निरेखिए : लिलागति चलि जाइ : जैचन मत्त सिंह चलइचे। से राजनन्दनि : श्रीकृष्णक स्वामि लभिए : लज्जित नयने घन घन स्वामिमुख निरेखिए : परम आनन्दे चलि जाइ। तदनन्तर : सिसुपाल प्रभृति जत राजा बिपक्ष : चेतन लभि कहु : देखल : श्रीकृष्ण रुकमिनि कन्याक : हरि लिया जाइ।।

भावार्थ–कथा : तब श्रीकृष्ण रुक्मिणी का हाथ पकड़कर हँसते हुए प्रिया के मुख का निरीक्षण कर लीला करते हुए चलते हैं मानो मत्त सिंह चल रहा हो। वह राजकुमारी श्रीकृष्ण को स्वामी रूप में पाकर लज्जित नयनों से बार–बार स्वामी का मुख देखकर परम आनन्द से चली जाती है। तब शिशुपाल सहित जितने भी विपक्ष के राजा थे चेतना पाकर देखते हैं कि श्रीकृष्ण रुक्मिणी का हरण कर चले गये।

शिशुपाल बोल।। अ : आमाक जिवन धिक धिक : हामु बिद्यमान थाकिते : हामार बिबाहक कन्या : कथाक यादवे लिया जाइ।।

भावार्थ–शिशुपाल का बोल : हमारे जीवन को धिक्कार है। हमारे रहते हुए हमारे विवाह की कन्या का यादव हरण कर ले गया है।

ओहि बुलि परम दर्प्प करि कहु : हाते सर धनु धरिए : श्रीकृष्णक पाचु पाचु जैचे खेदि जाइ : ताहे देखह सुनह : निरन्तरे हरिबोल।।

भावार्थ–ऐसे ही राजा परम दर्प करते हुए हाथ में शर–धनु लेकर श्रीकृष्ण के पीछे–पीछे जिस तरह चले, उसे देखिए, सुनिए और निरन्तर हरि का नाम स्मरण कीजिए।

गित।। राग–कानाड़ा ।। पयाड़ ।। परिताल ।।

कोपे नृपसब कामाड़े बाहु।
चाँदक खेदि जाइ जच राहु।।

पद।। *हाते सरधनु धरि सव धावे।*
कम्पित मेदिनी ए पद घावे।।1।।

बाहु दरपे करय टंकार।
बोलय डाकि डाकि अहंकार।।
रे रे यादव पारए गारि।
छोड़ छोड़ अव रुकमिनि नारि।।2।।

आर कति जासि पवलु लाग।
कोपे गरजय जैचन बाघ।।
रह रह बुलि पारे घन राव।
संकर कह गति गोविन्द पाव।।3।। ।।21।।*

भावार्थ–गीत : कोप में राजा अपनी बाँहें काटते हैं, मानो राहु चन्द्रमा के पीछे भाग रहा है। सबके हाथ में तीर और धनुष हैं। उनके पदाघात से धरती काँप रही है। वे भुजाओं की शक्ति के अहंकार में टंकार कर रहे हैं और श्रीकृष्ण को पुकार–पुकार कर को गाली दे रहे हैं–अरे यादव, रुक्मिणी को छोड़ दे। कहाँ जायेगा। हम पहुँच गये हैं।

इस तरह राजा क्रोध में बाघ की तरह गर्जन कर रहे हैं। वे रुक जा, रुक जा कहकर बार–बार चिल्ला रहे हैं। शंकर कहता है कि गोविन्द के पाँव में ही गति है।

श्लोक।। *राज्ञामाटोपटंकारकल्लोलं रुक्मिनी सती।*
निशम्य वेपिता भीता मनस्येवमचिन्तयत्।।30।।

भावार्थ–श्लोक : राजाओं की गर्जनयुक्त टंकारध्वनि सुनकर सती रुक्मिणी भयभीत होकर काँपने लगी और मन–ही–मन चिन्ता करने लगी।

कथा ।। राजासबक आटोप टंकार : देखिए सुनिए : महाभये देबि रुकमिनिक : हृदये कम्प मिलल : मुख मलिन भेल : स्वामि श्रीकृष्णक निमिते चिन्तित हुया : नयने निर निगरे : निस्वास फोकारि मने बोल।।

भावार्थ–कथा : राजाओं का आटोप टंकार देख–सुनकर महा भय से देवी रुक्मिणी का हृदय काँपने लगा। वह मुँह बाये रह गयी। स्वामी कृष्ण के बारे में सोचकर चिन्तित होकर उसके नयनों से पानी बहने लगा, निःश्वास छोड़ते हुए मन ही मन कहा–

–हाहा दैव : अभागि रुकमिनिक कपाले कि भेल : बिघिनिक उपरे बिघिनि मिलल : ओहि पापि राजासब बहुत : स्वामिक संगे : सहाय केहु नाहि : हामाक कोन गति हय : इहा नाहि जानु : । हाहा सोनाक पुतलि : श्रीकृष्ण स्वामिक : हामु पापिनि कौचे अनावलु : जोनो काचक चाहिते माणिक हराइ।।

भावार्थ–हे देव हे देव! अभागी रुक्मिणी के भाग्य में क्या हुआ। विघ्न पर विघ्न आ रहा है। पापी राजा बहुत हैं, किन्तु स्वामी की सहायता के लिए कोई नहीं है। हमारी क्या गति होगी यह नहीं जानती। हाय–हाय प्यारे कृष्ण को मुझ ने पापिनी क्यों बुलवाया। मानो काँच की चाहत में माणिक खोने वाला है।

ओहि बुलि रुकमिनि : जैचे बिलाप कयल : आहे लोक : ता देखह सुनह : निरन्तरे हरि बोल ।।

भावार्थ–इस तरह रुक्मिणी जिस तरह से विलाप करने लगी, हे लोगो, उसे देखिए, सुनिए और निरन्तर हरि का नाम स्मरण करते रहिए।

गित।। राग–श्रीगांधार ।। जौतिताल।।

धुं ।। *हरि हरि किनो बिहि लिहिलि ललाटे।*
अबहु मिलल मेरि मरनक घाटे।।

पद।। *पावलु बहु पुन्ये हासु रंक।*
हाते हरय निधि बिधि भेल बंक।।
आवल कैचन नाथ अभागिक लाइ।
काचक चाहिते जोनो माणिक हराइ।।
बिहिक बिड़म्बन किनु मेरि भेल।
प्रानपिउ पास आसदुर गेल।।
हेठ बयने नयने झुरे लोर।
संकर कह गति गोबिन्द मोर।। * ।।22।।*

भावार्थ–गीत : हे हरि! मेरे भाग्य में क्या लिखा? अब मेरे मरने का समय आ गया है। मैं बहुत ही ग़रीब हूँ। मैंने बहुत पुण्य कमाया। अब मेरा भाग्य नष्ट हो गया और हाथ से निधि खो गयी। नाथ इस अभागी के लिए क्यों आये! काँच की चाहत में माणिक खो जाने वाला है। विधि का बिडम्बना देखिये। मेरे प्राणप्रिय के स्पर्श की आशा दूर चली गयी। रुक्मिणी का बदन झुका हुआ है और आँखों से आँसू टपक रहे हैं। शंकर कहता है कि गोविन्द मेरी गति भी आप निश्चित कीजिए।

श्लोक।। *भयबेपितचित्ताया रुक्मिण्याः रोदनं द्रुतम्।*
निरीक्ष्य दृढ़मालिंग्य सांत्वयामास केशवः।।31।।

भावार्थ–श्लोक : भय में आतुर होती रुक्मिणी को कम्पित चित्त से क्रन्दनरत अवस्था में देखकर तत्काल श्रीकृष्ण उसे दृढ़भाव से आलिंगन कर सान्त्वना देने लगे।

कथा ।। तदनन्तर : कृष्णक निमिते : बिलाप करिते रुकमिनि : घन घन निस्वास फोकारे : नयनक निर बहि जाइ : ताहे देखि भक्तबान्धव माधव : आति सत्वर बाहु मेलि : आलिंगि धरि कहु : आस्वास बोल।।

भावार्थ–कथा : उसके बाद कृष्ण के लिए विलाप करती रुक्मिणी घना निःश्वास छोड़ने लगी, नयनों से पानी झरने लगा। उसे देखकर

भक्तबान्धव माधव अतिशीघ्र भुजाएँ फैलाये उसका आलिंगन कर आश्वासन देकर बोले–

आहे प्रान–पृये : कि निमित्ते क्रन्दन करैच : हामु बिद्यमान थाकिते : तोहाक कोन चिन्ता : काहेकभय थिक ।।

भावार्थ–हे प्राणप्रिये, क्यों रो रही हो, हमारे होते हुए तुम्हें क्या चिन्ता, क्या भय हो सकता है।

ओहि बुलि श्रीकृष्ण रुकमिनिक जैचे प्रबोध कयल : आहे लोक : ताहे देखह सुनह : निरन्तरे हरिबोल।।

भावार्थ–इतना कहकर श्रीकृष्ण ने रुक्मिणी को सान्त्वना दिया। हे लोगो! उसे देखिए, सुनिए और निरन्तर हरि का नाम स्मरण करते रहिए।

गित।। राग–बेलोवार ।। परिताल ।।

ध्रुं।। *करबि नाहि आकुल पृये।*
धरि कामिनिक कानु बोध दिए।।

पद ।। *कि करब सिंहक सुकरसव आया।*
हामाकु सपत ताप तेजहु जाया।।
मोचल मुख प्रियाक पित बासे।
कह संकर रस केशव दासे।। ।।23।।*

भावार्थ–गीत : कामिनी को सान्त्वना देते हुए कृष्ण बोले–हे प्रिये! आकुल मत होना। सियारों का दल आकर सिंह का क्या बिगाड़ेंगे? मेरी शपथ है तुम ताप छोड़ो। प्रिया का बदन पीटवस्त्र से पोंछा। केशव का दास शंकर इस रस का वर्णन कर रहा है।

कथा ।। कृष्ण बोल ।। अहे प्राणपृये : हामाकु आगु : ओहि राजासब कोन पतंग : जैचे सिंहक आगु क्षुद्र हरिण : इहा जानि भय सोक छाड़ह : देखह पापि राजासबक : जैचे शृकालक : एइ क्षने खेदवब।

भावार्थ–कथा : श्रीकृष्ण का बोल : हे प्राणप्रिये! हमारे सामने वे राजा कौन से पतंग हैं? वे मानो सिंह के सम्मुख क्षुद्र हिरण हैं। यह जानकर भय–शोक छोड़ो। देखो पापी राजाओं को सियारों की तरह इसी क्षण भगाता हूँ।

ओहि बुलि रुकमिनिक : संताप दुर करिए : स्वहस्ते ताम्बुल भोजन करावल : अन्यो अन्ये कौतुक निरीक्षन करिए बोलल।।

भावार्थ–इतना कहकर रुक्मिणी का संताप दूर कर अपने हाथों से ताम्बुल खिलाया। एक–दूसरे को देखकर इस कौतुक का निरीक्षण करते हुए कहने लगे–

हे प्रिये : तुहु निर्भये रह : हामु दुष्ट राजासबक युद्ध करिए खेदाञुँ; रंग देखह।।

भावार्थ–हे प्रिये, तुम निर्भय रहो। मैं दुष्ट राजाओं से युद्धकर उन्हें भगाता हूँ; तुम उसका आनन्द उठाओ।

ओहि बुलि सारंग धनु धरिए : टंकार कयल।।

भावार्थ–इतना कहकर शारंग धनुष में टंकार दी।

श्लोक।। *ततः शार्ङ्गधनुर्द्धत्वा टंकारमकरोद्धरिः।*
श्रुत्वा तच्छब्दमतुलं राजानोहि चकम्पिरे।।32।।

भावार्थ–श्लोक : तब कृष्ण ने शारंग धनुष में टंकार दी और उसका प्रचण्ड शब्द सुनकर राजा काँपने लगे।

कथा ।। सारंग धनुक टंकार सुनिए : राजसबक हृदय कंपित भेल : ताहे देखि श्रीकृष्ण हासि हासि बोल।।

भावार्थ–कथा : शारंग धनुष का टंकार सुनकर राजाओं के हृदय कम्पित होने लगे। उसे देख श्रीकृष्ण हँसते हुए बोले–

आये दुष्ट राजासब : हामाक खेदि आवल : आः जत सकति थिक : अब युद्ध करह।।

भावार्थ–श्रीकृष्ण का बोल : अरे दुष्ट राजाओ! हमारे पीछे–पीछे यहाँ तक पहुँच गये, आओ, तुम लोगों में जितनी शक्ति है, युद्ध करो।

ताहे सुनिए राजासब : सर बरषिये बोल।।

भावार्थ–उसे सुनकर राजाओं ने तीरो की बरसात करते हुए कहा–

अए यादव अनाचार : हामार बिबाहक कन्या : रुकमिनिक जदि नाहि छाड़ब : जत सकति थिक : हामाक युद्ध देहु।।

भावार्थ–अरे यादव अनाचारी, हमारे विवाह की कन्या रुक्मिणी को यदि तुमने न छोड़ा, तो पूरी शक्ति के साथ युद्ध करो, युद्ध करो।

राजासबक दरप सुनिए : श्रीकृष्ण जैचे समर कयल : ताहे देखह सुनह : निरन्तरे हरि बोल।।

भावार्थ–राजाओं का दर्प सुनकर श्रीकृष्ण ने किस प्रकार युद्ध किया उसे देखिए, सुनिए; निरन्तर हरि का नाम स्मरण कीजिए।

गित।। राग–नाटमल्लार ।। परिताल ।।

धुं।। *युद्ध देहु यादव यदुराया।*
गरजे राजासब आया रे।।
धरि हरि सारंग बरिखल बान
नृपसब बेधल कायारे।।

पद।। *बारि बारिषा जच अंबुद बरिखल :*
हरि करु सरक संधान रे।
काहुक बाहु काहु उरु कर काटि :
हृदय बिदारल बान रे।। 1।।
बिर सिसुपालक काटल किरिटि :
पालटि पलावल पापि रे।
सब बैरि जिनिये बिजयी यादव :
संकर कह भव तापि रे।।2।। ।।24।।*

भावार्थ–गीत : यादव युद्ध कर रहे हैं। राजा गरज रहे हैं और शारंग बाण बरसा रहा है। राजाओं के शरीरों का भेदन हो रहा है। बरसात के दिनों में जिस तरह से मेघ बरसता है, उसी तरह कृष्ण के धनुष से तीर बरसने लगे। वे तीर का संधान करते हैं जाक किसी की भुजा, किसी की जाँघ, किसी की कमर और किसी की छाती विदीर्ण हो जाती है। वीर शिशुपाल का मुकुट गिर गया। वह पापी वापस भाग गया। सब शत्रुओं को जीतकर यादव विजयी हुए। भव तापी शंकर उसी की कथा कह रहा है।

सूत्र ।। कृष्णक सरे राजासबक उरु कर काटि हृदय भेदल : सिसुपालक किरिटि काटल : देखि महाभये राजासब : भंग दिये मृत–कलप हुया पलावल : त्रासे पाचु चाहे नाहि :

जैचन सिंहक भये : शृगाल लवड़े तद्वत : श्रीकृष्ण कौतुके कति दुरे खेदिए : पालटि रहल। तदनन्तर :रुकमिनि स्वामिरु बिजय बिक्रम देखिए परम आनन्दे प्रदखिने : पावे प्रनाम कयल : साधु साधु बुलि सिरे पुष्प बरिखल : आञ्चोले श्रमजल मुचल : ताम्बुल भोजन कराइ : सखिसब सहिते : आञ्चोले बिंचिए रहल : प्रथम बयस लज्जावति स्वामिक मुख कटाक्षे घन घन निरेखि : हेठ माथ कए थिक। श्रीकृष्णक पृयाक मधुर आलापे : आनन्द कराअल।।

भावार्थ–सूत्र : श्रीकृष्ण ने राजाओं की जाँघ, हाथ, कमर, छाती का भेदन किया, शिशुपाल का मुकुट गिरा दिया। मृत्यु के महाभय से राजा भाग गये त्रास के कारण उन्होंने पीछे की ओर देखा ही नहीं। जैसे सिंह के भय से सियार भागता हो। रुक्मिणी ने स्वामी का विजय विक्रम देखकर परम आनन्द से हाथ जोड़कर प्रणाम किया। साधु–साधु सिर पर पुष्प वर्षा की। रूक्मिणी आँचल से श्रमजल पोंछा। ताम्बुल खिलाकर सखियों के साथ आँचल से पंखा करती रही। वह लज्जावती नवयौवना स्वामी का मुख बार–बार देखकर सर नीचा करती है। श्रीकृष्ण ने प्रिया को मधुर आलाप से आनन्दित किया।

श्लोक।। *ततोहति कौतुको दृष्टः प्रियायाः परमेश्वरः।*
सानन्दलीलागतिभिर्ब्रजन् केलिमकारयत्।।33।।

भावार्थ–श्लोक : तब प्रिय का कौतुक देखकर परमेश्वर केलि कर आह्लादित होकर धीर गति से आगे बढ़ने लगे।

सूत्र ।। श्रीकृष्ण सिसुपालक किरिटि काटिए : राजासबक कति दुर खेदाइ : परम कौतुके जुगुत हया : पृया रुकमिनि सहिते : द्वारकापुर चलिते : जैचन लिलागति कयल : ताहे देखह सुनह : निरन्तरे हरि बोल।।

भावार्थ–सूत्र : श्रीकृष्ण ने शिशुपाल का मुकुट काटकर राजाओं को बहुत दूर भगाकर परम आनन्द से प्रिया रुक्मिणी के साथ द्वारकापुर जाकर जैसी लीला की, उसे देखिए, सुनिए; निरन्तर हरि का नाम स्मरण करते रहिए।

गित।। सुहाइ राग ।। चुटिकाला मान ।।

धुं।। *जगजिउ उत्सुके चलति मधाइ।*
पृया संगे रंगे लिलाइ ।।

पद।। *हरि कर धरल कामिनि कण्ठ मेलि :*
केलि करतहि जाइ।
नव रमनि पिउ : परसे बिहसि :
चल लोचन मुदि माइ।।1।।

परमानन्द : मगन मन रामा :
दरसिए हास बिलासा।
सखिसमे स्वामि : सेविकौतुक कर :
कह संकर हरिदासा।।2।। ।।25।।*

भावार्थ–गीत : जगजीवन माधव प्रिया के साथ लीला करते हुए उत्सुकता से चले। हरि अपने हाथों से कामिनी का कण्ठ पकड़कर केलि करते हुए जाते हैं। नवयौवना रमणी प्रिय के स्पर्श से मन्द–मन्द मुसकाती हुई आँखें बन्द कर लेती है। हास–विलास देखकर उस रामा का मन परमानन्द में मगन है। सखियों के साथ रुक्मिणी स्वामी को प्रणाम करती है। वे आनन्दित हैं। उसका वर्णन हरि का दास शंकर कर रहा है।

कथा ।। श्रीकृष्ण परम आनन्दे चलिते : पृयाक कण्ठे हात मेलि धरल : से नव तरुनि : प्रथम पिउक परसेः लज्जित हुया : अल्प हास्य करिए : घन घन आखि मुदि रहल : सखिसब सहित : हास बिलास दरसिए : कौतुके स्वामिक सेवा करिते चलति : श्रीकृष्ण जैचे हस्तिनिसब सहित : मत्त मातंग चलति : तद्वत। इ कथा रहोक। तदनन्तर : रुकमिनिक ज्येष्ठभ्राता : रुक्म नामे मन्दमति : राजासबक भंग सुनिए : से पापि कोपे परम आटोपे साजिए : कृष्णक खेदि आवल। रुक्मि डाकि बोल।।

भावार्थ–कथा : श्रीकृष्ण ने परम आनन्द में चलते हुए प्रिया के कण्ठ को हाथ से प्रेम से पकड़ लिया। वह नव तरुणी प्रिय के प्रथम स्पर्श से लज्जित होकर थोड़ा हँसकर बार–बार आँखें मूँदती रही।

सखियों के साथ हास–विलास देखकर कौतुक से स्वामी की सेवा करती चली। हथिनियों के संग मदमस्त मातंग जिस तरह से चलता है, श्रीकृष्ण भी वैसे ही चले । यह कथा यही रहे। उधर रुक्मिणी के ज्येष्ठ भ्राता मन्दमति रुक्मी ने राजाओं का भागना सुनकर क्रोध में गर्जन करते हुए कृष्ण का पीछा किया। ललकारते हुये रुक्मी ने कहा–

अये यादव : हामार भगिनिक छोड़ह छोड़ह : तोहाक नाहि मारि : रुकमिनिक नाहि छोड़ाइ : कुण्डिने प्रबेस हामु नाहि करब : जब भगिनिक छोड़बि नाहि : तब जत सकति थिक : हामाक युद्ध देहु।

भावार्थ–अरे यादव, हमारी भगिनी को छोड़ो। तुझे मारे बिना और, रुक्मिणी को बिना छुड़ाये मैं कुण्डिन में प्रवेश नहीं करूँगा। यदि भगिनी को नहीं छोड़ते हो, तो अपनी पूरी शक्ति के साथ युद्ध करो।

श्लोक।। *श्रुत्वा कृष्णो विहस्याह शृणुरे कुलकंटक।*
त्वामद्य निशितैर्बाणैर्नयामि यममन्दिरम्।।34।।

भावार्थ–श्लोक : उसे सुनकर कृष्ण हँसते हुए बोले–कुलकंटक, तुझे अभी धारयुक्त अस्त्र से यम मन्दिर भेजूँगा।

कथा।। श्रीकृष्ण बिहसि बोल।।

भावार्थ–कथा : रुक्मी के इस तरह के वाक्य सुनकर कृष्ण हँसते हुए बोले–

अये कुलकंटक रुक्मि : तुहु हामाक गारि देसि : उहि बानेजमपुर देखावर : खानिक रह।।

भावार्थ–अरे कुलकंटक रुक्मी, तुमने हमें गाली दी। एक बाण से ही मैं तुम्हें यमपुर दिखा दूँगा। ज़रा ठहरो।

ओहि बुलि श्रीकृष्णः रुक्मि सहिते जैचे जुद्ध कयल : ताहे देखह शुनह : निरन्तरे हरिबोल।।

भावार्थ–यह कहकर श्रीकृष्ण ने रुक्मी के साथ जिस तरह युद्ध किया उसे देखिये, सुनिए; निरन्तर हरि का नाम स्मरण करते रहिए।

पयाड़ ।। कानड़ा ।। परिताल ।।

कृष्णबाक्य सुनि रुक्मि बिर।
हानल बान कोपे काम्पे सिर।।

पद ।। *काटल बान कृष्ण सर मारि।*
गरजे रुकमि पुनु बान प्रहारि।।1।।

रुकमि अस्त्र जोहि जोहि हाने।
ताहेक छेदल पुरुष प्रधाने।।
बहुतर बाने ताहे हृदि भेदि।
हातक धनु पेह्लावल छेदि।।2।।

हाते मुठि धरि रुक्मि कुमार।
कृष्णक हृदये कयलि प्रहार।।
ताहे प्रहारे हासि यदुनाथे।
धरल केस केशव बामहाते।।3।।

घण्टा लाड़ि घार करय मोड़।
रुकमि हृदये माड़ल गोड़।।
पाइ चोट बरि मुरुचित बिर।
कृष्ण धरल खांडा छेदिते सिर।।4।।

हाहाकार कय रुकमिनि माइ।
स्वामिक हाते सोदर बध जाइ।।
कृष्ण किंकर ओहि संकर गाइ।
बोलहु रामहरि सब लोकाइ।।0।।।।26।।*

भावार्थ–गीत : कृष्ण का वाक्य सुनकर रुक्मवीर क्रोध में कम्पित होकर बाण से प्रहार किया। कृष्ण ने उस बाण को काटा। रुक्मी ने गरजते हुए फिर से तीर का प्रहार किया। यदि रुक्मी अस्त्र निक्षेप करता है, तो श्रीकृष्ण उसे भी छेद देते हैं। अनेक बाणों ने उसका हृदय भेदा। उसके हाथ का धनुष गिरा दिया। रुक्मी ने मुट्ठी से कृष्ण के हृदय पर प्रहार किया। उसके प्रहार से यदुनाथ हँस पड़े। केशव ने बायें हाथ से उसके केस को पकड़ लिया और घण्टे की तरह उसे झकझोर दिया। रुक्मी के हृदय में लात मार दी। बड़े आघात से वीर मूर्च्छित हो गया। कृष्ण तीर छेदन के लिए उद्यत हुए। भ्राता को इस स्थिति में देखकर

रुक्मिणी हाहाकार करने लगी। स्वामी के हाथ से सहोदर का वध होने जा रहा था। कृष्ण का किंकर शंकर उसकी गाथा गा रहा है। हे लोगो! हरि का नाम स्मरण कीजिए।

सूत्र।। से पापिरुक्मि अस्त्रे नाहि पारि : कृष्णक हृदये मुष्टि
मारल। श्रीकृष्ण तनिकर केसे धरिए : हिए लाठि मारिए
: काटिते नन्दक खड़ग धरल।।

भावार्थ–सूत्र : वह पापी रुक्मी अस्त्र से सफल नहीं हुआ तो कृष्ण पर मुट्ठी का प्रहार किया। श्रीकृष्ण ने उसके केश पकड़कर छाती पर लात मारकर तीर काटने के लिए पकड़ लिया।

श्लोक।। *दृष्ट्वा भ्रातृबधोद्योगं गोविन्दस्य सुदुःखिता।*
करभ्यां गृह्य चरणौ चकार कातरं सती।।35।।

भावार्थ–श्लोक : कृष्ण द्वारा भ्रातृ वध का उद्योग देख सती रुक्मिणी अति दुख से हाथ जोड़कर गोविंद का चरण स्पर्श कर कातर होकर कहने लगी–

कथा ।। तदनन्तर : देवि रुकमिनि : ताहे देखिए : भातृ मरय
बुलि : श्रीकृष्णक चरनपंकज धरि : कातर कय बोल।।

भावार्थ–कथा : देवी रुक्मिणी भाई को मरता हुआ देख श्रीकृष्ण के चरणकमलों से लिपटकर कातरता से बोली–

हे स्वामि : तोहाक चरने लागु : भैयाइक प्रान दान देहु : तुहु
परम ईश्वर : ओहि पापि तोहाक महिमा नाहि जानल : जैचे पतंग
अगनित जास कयल : हामाक देखिते ओहि दोस मरस स्वामि।।

भावार्थ–हे स्वामी, आपके चरणों में पड़ती हूँ कि भैया को प्राणदान दीजिए। आप परम ईश्वर हैं। वह तो पापी है, आपकी महिमा समझ नहीं पाये। जैसे पतंगा अग्नि को समझ नहीं पाता है और उसमें पड़कर जल जाता है, मेरे भाई भी आपको समझ नहीं पाये। मेरी ओर देखकर उसका दोष क्षमा कीजिए।

ओहि बुलि कुमारि : नयनक निर झुराइ : जैचे क्रन्दन कयल :
ताहे देखह सुनह : निरन्तरे हरि बोल।।

भावार्थ–ऐसा कहकर कुमारी नयनों से पानी बहाते हुए क्रन्दन करने लगी। वह देखिए, सुनिए; निरन्तर हरि का नाम स्मरण कीजिए।

गित।। राग–श्रीगांधार ।। जौतिमान ।।

सुन्दरि धरि हरि चरन बिनावे।
करहु करुना नाथ माथे धरोहों तृण
बुलिते नयन झुरावे।।ध्रुं।।

पद।। *भायाकेरि दुख देखिए जिउ जाइ :*
राखहु पापिक प्राण।
चरनकु आगु : आञ्चोर पाति मागो :
देहु मेरि सोदर दान।।1।।

जबहु सोदर देव : नकरह रक्षन :
आगहि लेहु जिउ मोइ।
हरिक पावे परि : बर बाला बिलपति :
कह संकर रस ओइ।।2।।* ।।27।।

भावार्थ–गीत : सुन्दरी रुक्मिणी हरि चरणों में विनती करने लगी कि हे नाथ! आपके कातर विनती करती हूँ, करुणा कीजिए। उसके नयनों से पानी बहने लगा। भाई का दुख देखकर उसके प्राण निकलने वाले हैं। पापी के प्राणों की रक्षा कीजिए। आपके चरणों में आँचल डालकर आपसे मेरे सहोदर, के प्राणों की भीख माँगती हूँ। यदि आप सहोदर की रक्षा नहीं करते तो पहले मेरे प्राण लीजिए। हरि के चरणों में पड़कर श्रेष्ठबाला रुक्मिणी विलाप करती है। शंकर उसी रस की कथा कह रहा है।

कथा ।। ऐचन क्रन्दन कए : रुकमिनि हाते तृण धरिए बोल।।

भावार्थ–कथा : इस तरह रुक्मिणी हाथ में तृण पकड़ती हुई बोली–

हे स्वामि : भायाक दुख देखिए : प्राण फूटि जाइ। ओहि अधमक जिउ रक्षा करह : चरनक आगु : आञ्चोल पाति मागु : हे नाथ : हामाक सोदर दान देहु।।

भावार्थ–हे स्वामी, भाई का दुख देखकर प्राण निकाल रहे हैं। उस अधम के प्राणों की रक्षा कीजिए। आपके चरणों में आँचल फैलाकर माँगती हूँ। हे नाथ! हमें सहोदर दान दीजिए।

श्रीकृष्ण तथापि तनिक छोड़ए नाहि देखिए : पुनु कुमारि निस्वास फोकारि बोल।।

भावार्थ—तब भी श्रीकृष्ण ने रुक्मी को नहीं छोड़ा तो फिर से कुमारी निःश्वास छोड़कर बोली—

हे स्वामि : जब भातृक रक्षा नाहि करबि : तब हामाक जिउ आगु लेहु।।

भावार्थ—हे स्वामी, यदि भाई की रक्षा नहीं करते हैं, तो पहले मेरे प्राण लीजिए।

ओहि बोलिते लोतके कण्ठ बेढ़ल : हा भोयाइ बुलि माटि लुटि : जैचे क्रन्दन कय लागल बाला।।

भावार्थ—इतना कहने के बाद रुक्मिणी का कण्ठ भर आया। हा भाई! कहकर वह धरती पर गिरकर क्रन्दन करने लगी।

श्लोक।। *प्रीतः प्रियायाः संप्रेक्ष्य बिलाप्यं परमेश्वरः।*
रक्षित्वाः रुक्मिणः प्राणान् कारयामास मुंडनम्।।36।।

भावार्थ—श्लोक : प्रिया का विलाप देखकर परमेश्वर ने रुक्मी की प्राण रक्षा की और उसका मुण्डन किया।

कथा ।। श्रीकृष्ण रुकमिनिक बिलाप देखिए : परम करुना उपजल : हरि बिहसि बोल।।

भावार्थ—कथा : रुक्मिणी का विलाप देखकर श्रीकृष्ण का मन करुणा से द्रवीभूत हो गया। हरि हँसते हुए बोले।

हे प्रिये : तुहु बिलाप छोड़ह : तोहाक निमित्त ए पापिक प्रान राखलु : किन्तु इहाक एक सास्ति करब : ताहे बाधा नाहि करबि।।

भावार्थ—हे प्रिये, विलाप छोड़ो। तुम्हारे लिए इस पापी के प्राणों की रक्षा की। लेकिन इसे एक सजा दूँगा। तुम उसका निषेध न करना।

ओहि बुलि श्रीकृष्ण से राजकुमारक : गले बस्त्र बाँधिए धरल : खड़्ग धरिए सब केस मुंडावल : दारि, गुफ चक्षुभ्रूसबाको उपाड़ल : मुखे कालि चुन घसिए ढंका मारि पेह्लावल।

जैचे मृतक सव रुकमि : माटिते परिये रहल। आहे लोक : देखु देखु : जे हरिक द्रोह करय : हरिगुन नाम लैते निन्दा करय : सोहि पापिक : ओहि अवस्था : देखह : जानि हरि भकतक निन्दा छोड़ि : हरिबोल हरिबोल।।

भावार्थ—ये कहकर श्रीकृष्ण ने उस राजकुमार के गले को वस्त्र से बाँध लिया। खड़ग पकड़कर सब केश काट दिये; दाढ़ी, मूँछ, आँख और भ्रू सब। मुख पर कालिख और चूना लगाकर धक्का मारकर गिरा दिया। मृत शव की भाँति वह ज़मीन पर पड़ा रहा। हे लोगो! देखो, देखो, जो हरि का द्रोह करता है, हरि का गुणनाम न लेकर निन्दा करता है, उस पापी की अवस्था ऐसी ही होती है। इसीलिए हरि भक्तों की निन्दा छोड़िए; हरि का नाम स्मरण कीजिए।

श्लोक।। *शान्त्वयित्वा प्रियां पश्चात्तया सह महाहरिः।*
द्वारकापुरमाबिश्यतां प्रियां सामरिरमत्।।37।।

भावार्थ–श्लोक : प्रिया को सान्त्वना देने के बाद उसके साथ हरि द्वारकापुर आकर वहाँ प्रिया के साथ कौतुक में मत्त हुए।

सूत्र ।। तदनन्तर : श्रीकृष्ण प्रियाक आखिमुख पित बस्त्रे मुचि : शान्त करिए : परम कौतुके :द्वारकापुर:प्रबेस करिते: श्रीकृष्ण रुकमिनि सहिते : जैचे आनन्द कयल :ताहे देखह सुनह : निरन्तरे हरि बोल।।

भावार्थ–सूत्र : कृष्ण ने प्रिया के आँख–मुँह पीताम्बर से पोछे, उसे शान्त किया और परम कौतुक से द्वारकापुर में प्रवेश किया। श्रीकृष्ण ने रुक्मिणी के साथ किस तरह आनन्द किया, उसे देखिए, सुनिए; निरन्तर हरि का नाम स्मरण कीजिए।

गित।। तुड़ भाठियाली राग ।। जौतिमान ।।

मिलल कौतुक कमल लोचनि
चललि स्वामिक संगिया।
निल निरद जच उजर बिजुरि
भुवन भुले भ्रुभंगिया।।ध्रुं।।

पद ।। *मत्त मातंग संग अंग भंग*
करिणि कर लास बेसया।
कयल मंगल रंग कोलाहल
द्वारकापुर परबेसया।।1।।

देवि देवकी आसिए कौतुकि
धरल बर–बधु हातया।
जय जय रव मिलल उत्सव
कहतु संकर बातया।।2।। ।।28।।*

भावार्थ–गीत : कमललोचनी आनन्द से स्वामी के साथ चली। नील मेघों के बीच मानो बिजली चमक रही हो। उसके भ्रु–भंग में भुवन भुलाने की सामर्थ्य है। मदमस्त मातंग के साथ मानो हथिनी आनन्दित होकर जा रही हो। वे रंग कोलाहल करते हुए मंगल करते हैं और द्वारकापुर में प्रवेश करते हैं। उत्सुकता से आकर देवकी ने बहू का हाथ पकड़ लिया। जय जय का घोष होने लगा। वहाँ उत्सव का परिवेश छा गया। शंकर वही बात कह रहा है।

सूत्र ।। तदनन्तर : देवि दैवकी परम मंगल बाद्यभांडे आसि कहो : बर कन्याक हात एक ठाम करिकहो : महा महोत्सवे गृह परबेस करावल : अनेक सुन्दरि स्त्रीः आयतीसब सहिते : श्रीकृष्ण रुकमिनिक माथे दुर्ब्बाक्षत सिंचिए : तथि परम उत्सव मिलावल। तदनन्तर : श्रीकृष्णक बिबाह प्रकार सुनह : प्रस्तुतमाह। हरिक बिबाह कथा जानिए : जगतक जत लोक : कौतुके द्वारकापुर भरल आसिया। राजा भीष्मक स्वहस्ते कृष्णक कन्यादान करिते आवल। तदनन्तर : जगतक गुरु :श्रीनारायण : मनुष्य लिला दरसिए : बिबाह करिते : पृया समे आसने बैठल।।

भावार्थ–सूत्र : तब देवी देवकी परम मंगलमय वाद्य के साथ आकर वर और कन्या के हाथों को एक साथ जोड़कर गृह प्रवेश करवाती हैं। अनेक सुन्दरी स्त्रियों के साथ श्रीकृष्ण ने रुक्मिणी के सर पर दूब–अक्षत दिया। इस तरह वहाँ मनोहर उत्सव मनाया गया। फिर कृष्ण का विवाह किस प्रकार हुआ वह सुनिए। हरि के विवाह की कथा जानकर जगत के

सारे लोगों से द्वारकापुर भर गया। राजा भीष्मक अपने हाथों से कृष्ण को कन्यादान करने के लिए द्वारकापुर आये। जगतगुरु नारायण मनुष्य लीला दर्शाते हुए विवाह करने के लिए प्रिया के साथ आसन पर बैठ गये।

श्लोक।। *आजगाम ततो ब्रह्मा कृष्णस्योद्वाह हेतवे।*
स–नारदो मुदायुक्त : श्रुवहस्तोहतिकौतुकी।।38।।

भावार्थ–श्लोक : तब कृष्ण के विवाह के लिए ब्रह्मा हाथ में श्रुव लेकर आनन्द में नारद के साथ उपस्थित हुए।

सूत्र ।। सेहि समये ब्रह्मय : नारद पुत्र सहित : बिबाहक होम करिते : जैचे मिलल : आहे लोक : ताहे देखह सुनह : निरन्तरे हरि बोल।।

भावार्थ–सूत्र : उसी समय ब्रह्मा पुत्र नारद के साथ होम करने पहुँचे। हे लोगो! उसे देखिए, सुनिए; निरन्तर हरि का नाम स्मरण कीजिए।

गित ।। राग–कानाड़ा ।। परिताल

आवत धाता हाते श्रुव धरि।
चतुर बयने घन बेद उचारि।।ध्रुं।।

पद।। *गौरांग अंग रंग बिपरीत।*
संगहि नारद आनन्द चित।।
बाम हाते कुख करत हास।
संकर कह ओहि केशव दास।। ।।29।।*

भावार्थ–गीत : विधाता हाथ में श्रुव लेकर चतुर्मुख से वेद का उच्चारण करते हुए आते हैं। वे गौरांग हैं। साथ में आनन्दित चित्त के साथ नारद भी आये हैं। उनके बायें हाथ में कुश है, वे हँस रहे हैं। केशव का दास शंकर वही कथा कह रहा है।

कथा ।। श्रीकृष्ण पेखि पृया सहित : तत्तकाले उठि कहु : प्रनाम कयल : ब्रह्मा नारद आसिर्ब्बाद कयल : श्रीकृष्ण माथे चड़ाया कहु : करजोरि बोल।।

भावार्थ–कथा : श्रीकृष्ण ने देखते ही प्रिय के साथ तत्काल आकर उनको प्रणाम किया। ब्रह्मा और नारद ने उन्हें आशीर्वाद दिया। श्रीकृष्ण ने माथे का स्पर्श कराकर हाथ जोड़ते हुए कहा–

–हे जगतक पितामह : तोहाक दरसन देवर दुर्ल्लभ : हामु मानुस हुया : तोहाक दरसन भेलु : हामाक भाग्यक महिमा कि कहब : जनम साफल : आजु द्वारकापुर पवित्र भेल।।

भावार्थ–हे जगत के पितामह, आपका दर्शन देवों के लिए भी दुर्लभ है। मनुष्य होकर भी हमें आपका दर्शन मिला। आहा! हमारे भाग्य की महिमा क्या कहें! जनम सफल हो गया। आज द्वारकापुर पवित्र हो गया।

ब्रह्मा बिहसि बोल।। हामु तोहाक बिबाह सुनिए : परम कौतुके आवलु : स्वहस्ते आहुति करिए : बिबाह करावब।

भावार्थ–ब्रह्मा हँसते हुए बोले, हम आपके विवाह का सन्देश सुनकर परम आग्रह से आये। अपने हाथों से आहुति कर विवाह करवाऊँगा।

श्रीकृष्ण ताहे सुनि : आसन देलह। ब्रह्मा तथि बैठल। कुसण्डि करिए होम आरम्भल।।

भावार्थ–उसे सुनकर श्रीकृष्ण ने आसन दिया। ब्रह्मा वहीं बैठ गये। कुशण्डि कर होम का आरम्भ किया।

श्लोक।। *ततो निरीक्ष्य रुक्मिण्याः रूपलावण्यमद्भुतम्।*
वभूव मूर्च्छितो ब्रह्मा काम–मदन पीड़ितः।।39।।

भावार्थ–श्लोक : रुक्मिणी के अद्भुत रूप–लावण्य निरीक्षण कर ब्रह्मा कामभाव में जर्जरित होकर वहीं मूर्च्छित हो गये।

कथा ।। तदनन्तर : मुखचन्द्रिका करिते : रुकमिनिक भुवन मोहन रूप निरेखिए : ब्रह्मा माटि लुटि परल : नारदमुनि धरि बोध करावल।।

भावार्थ–कथा : तब मुखचन्द्रिका करते हुए ब्रह्मा ने रुक्मिणी का भुवनमोहन रूप देखा और वे ज़मीन पर गिर पड़े। नारद मुनि ने उन्हें पकड़कर बोध कराया।

नारद बोल ।। हे पिता : स्वस्थ हव स्वस्थ हव : तोहार बेवहार नोहे।

भावार्थ–नारद का बोल : हे पिता! स्वस्थ हो जाइए, स्वस्थ हो जाइए। आपका आचरण ऐसा नहीं होना चाहिए।

श्लोक।। *ततश्चेतनमालभ्य ब्रह्मा मंत्रमुदीरयेत्।*
तदुद्वाहविधौ तस्मिन्नुत्सवः सुमहानभूत।।40।।

भावार्थ–श्लोक : उसके बाद चेतन होकर ब्रह्मा ने मन्त्र पाठ किया और विधि के अनुरूप उस सुमहान विवाह का उत्सव सम्पन्न हुआ।

सूत्र ।। तदनन्तर : ब्रह्मा चेतन लभि कहु : बिष्णु बिष्णु स्मरिए : पुनु श्रुव धरि : होम कये लागल। सोहि समये राजा भीष्मक : कन्या सम्प्रदान करिए : बरकन्याक केस एक ठाम कये कहु : पानी धालिते : तथि जैचे कौतुक मिलल : आहे लोक : ताहे देखह सुनह : निरन्तरे हरिबोल।।

भावार्थ–सूत्र : ब्रह्मा चेतना प्राप्त कर विष्णु का स्मरण कर फिर से श्रुव लेकर होम करने लगे। उसी समय राजा भीष्मक कन्या सम्प्रदान कर वर–कन्या के केशों को एकसाथ कर पानी डाला। तब जैसा कौतुक हुआ, उसे देखिए, सुनिए; निरन्तर हरि का नाम स्मरण कीजिए।

गित।। राग–सारेंग ।। परिताल ।।

कहतु बिधाता बेदकु बानि।
हरि रुकमिनिक केस एक करिए :
भीष्मक धाले भृंगार धरि पानि।।ध्रुं।।

पद।। *जौतुक रतन आंजुलि भरि बरषे :*
गावे गोविन्द गुन सुरराइ।

बासुकि उचुकि ताल ठुठ थमकि :
नाचे महेस हास सब चाइ।।

मुनि सिद्ध कुसुम हरिसे बरिषे :
करे कौतुक सब लोइ।

द्वारकापुर भरि मिलल महोत्सव :
कह संकर गति गोविन्द मोइ।। ।।30।।*

भावार्थ–गीत : विधाता वेद की वाणी गा रहे हैं। भीष्मक हरि और रुक्मिणी के केशों को एकत्रित कर भृंगार पकड़कर पानी डाल रहे हैं। रत्नों की बरसात हो रही है। सुरराज गोविन्द का गुणगान कर रहे हैं। वासुकी उत्सुकता से ताल में ठुमक रही है। महेश भी नाच रहे हैं।

उसे देखकर सभी लोग हँस रहे हैं। सिद्ध मुनिगन हर्षित होकर पुष्प की वर्षा कर रहे हैं। सब लोग आनन्दित हैं। पूरे द्वारकापुर में महोत्सव का दृश्य है। शंकर गोविन्द से अपनी सुगति की कामना करता है।

सूत्र।। ऐचन परकारे : कृष्णक बिबह भेल। तदनन्तर : ब्रह्मारुद्र : इन्द्र आदि जत देवता : पातालक बासुकि प्रभृति जत नाग : पृथिविक जत राजा : सबाको सादरे : श्रीकृष्ण गन्ध चन्दने : पुष्प ताम्बुल : बस्त्र अलंकारे : परम सन्तुष्ट करावल। अत:परे परम कौतुके : त्रैलोक्यर लोके : जय कृष्ण जय कृष्ण घुषिए : समाज भांगि कहु : स्वकि स्वकि थाने चलिते : अन्यो अन्ये कृष्णक : आचर्य गुन महिमा : कीर्त्तन कये कहु : दशोदिशे गेल।।

भावार्थ–सूत्र : इस तरह से श्रीकृष्ण का विवाह हो गया। उसके बाद ब्रह्मा, रुद्र, इन्द्र आदि जितने भी देवता हैं, पाताल के वासुकी आदि जितने नाग हैं, पृथ्वी के जितने भी राजा हैं, कृष्ण ने सबको सादर से सुगन्धित चन्दन, फूल, ताम्बूल, वस्त्र, अलंकार आदि से परम सन्तुष्ट किया। उसके बाद परम आनन्द से सब लोगों ने जय कृष्ण–जय कृष्ण–कहकर अपने–अपने स्थान चले गये। जाते हुए एक–दूसरे से आश्चर्य से रूप, गुण और महिमा का गुणगान किया।

श्लोक।। *ततोहतिकौतुकी कृष्णः प्रियया प्रेमरूपया।*
कुर्ब्बन् केलिरहोत्साहन् मुमुदे रत्न मन्दिरे।।41।।

भावार्थ–श्लोक : तब कौतुक परायण श्रीकृष्ण प्रेमरूपी प्रिय के साथ रत्न मन्दिर में प्रवेश कर केलि–कौतुक करते रहे।

सूत्र ।। तदनन्तर : श्रीकृष्ण परम उचुके पृया सहिते : रत्नमन्दिरे प्रवेसिए : जैचे कौतुके रुकमिनिक प्रबोधि : लिला केलि कए रहल : आहे लोक : ताहे देखह सुनह : निरन्तरे हरिबोल।।

भावार्थ–सूत्र : उसके बाद श्रीकृष्ण ने परम उत्सुकता से प्राणप्रिय के साथ रत्नमन्दिर में प्रवेश कर रुक्मिणी के साथ आनन्द लीला करते रहे, हे लोगो! उसे देखिए, सुनिए। निरन्तर हरि का नाम स्मरण करते रहिए।

गित।। राग–कैल्यान ।। खरमान ।।

करत बिहार : करत बिहार मुरारु।
कामिनि कमल अमल मुह लंबि
चुंबि जगत आधारु।। ध्रुं।।

पद।। *घन घन नयन पंकज मुह हेरि :*
हेरि करत कानु केलि।
आलिंगि अंग : अनंग रंग रसिक :
रमनिक भुज मेलि।।1।।

हासि हासि हरसे : हरसे नख परसि :
कुच कांचुलि फोर काने।
पुरल परम : मनोरथ कामिनि :
साधु अधर मधुपाने।।2।।

श्रीराम राया हरि रस पाया :
भकति रसिक सूजाना।
केशव चरन सरोरुह किंकर :
संकर हरिगुन गान।।।।3।।*

भावार्थ–गीत : मुरारी विहार करते हैं। जगत के आधार कामिनी के सुन्दर मुख का चुम्बन करते हैं। बार–बार उनकी आँखें और कमल समान मुख को देखते हैं और कानु केली करते हैं। वे बाँहें फैलाकर रमणी का आलिंगन करते हैं और वे रसिक प्रेम रंग में डुबे हुए हैं। कान्हा हँसते–हँसते नाखून के स्पर्श से कुच–कंचुकी को फाड़ते हैं। उन्होंने मधुर अधरों के मधुपान से कामिनी का मनोरथ पूर्ण किया। श्रीरामराय रसिक सुजान हैं, जिन्होंने भक्ति रस का स्वाद पाया है। केशव के चरण कमलों में दास शंकर हरि गुणगान कर रहा है।

सूत्र ।। ओहि परकारे भकत–कृपालु श्रीकृष्ण : रुकमिनिक भकति बश्य हया : बिबिध बिहार मदन–खेला–लिला–केलि कौतुके करिए : राजकुमारिक परम मनोरथ पुरल : से नृपनन्दनिक महा महोदय मिलल : जगतक परम गुरु नारायण : तनिकर परम सोभागिनि भेल। नव तरुनि पदुमिनि सत–सहस्र दासि पावल :

इन्द्रक जत संपत्ति : निज मन्दिरे मिलल : श्रीकृष्णक चरन पंकज : परमानन्दे परिचर्य्या कये सर्ब्बाथा रहल।

भावार्थ–सूत्र : इस तरह भक्तों के कृपालु श्रीकृष्ण ने रुक्मिणी की भक्ति के वशीभूत होकर विविध मदन की लीला, केली–कौतुक कर राजकुमारी के परम मनोरथ को पूर्ण किया। उस नृप नन्दिनी को महा महोत्सव मिला। जगत के परमगुरु नारायण के स्पर्श से वह सौभाग्यवती हुई। नव तरुणी को सैकड़ों दासियाँ मिलीं। वह श्रीकृष्ण के चरण--कमलों की परमानन्द से सेवा करती हुई रही।

श्लोक।। *रुक्मिनीहरणं नाम नाटकं हरिणा कृतम्।*
अस्मिन्निमित्तमात्रोहहं जानंतीति महत्तमाः।।42।।

भावार्थ–श्लोक : हरि की कृपा से रुक्मिणी–हरण नाट की समाप्ति हुई। महान लोग यहाँ हमें निमित्त मात्र का ही ज्ञान करें।

सूत्र ।। आहे सभासद लोक : कृष्ण चरन प्रसादत : रुक्मिनि हरन नाट : सम्पूर्ण भेल : इहात जत न्युनाधिक दोष : से हरिक स्मरनेदुर हौक। ओहि कृष्णक चरित्र–कथा : जे साधुसबे श्रद्धाए कहे सुने : से सबक हरिक कृपा मिलोक। आहे लोक : देखु देखु भाटक मुखे रुकमिनि : कृष्णक गुन सुनिए : कृष्ण रचरने श्रद्धा मात्र कयल : अतये भकतक परम कृपालु कृष्ण : तनिकर बश्य हुया : गृह–गृहिनि कयल। अ : हरि भकतिक महिमा : कि कहब : जानि कृष्ण चरने चित्त दिए निरन्तरे हरि बोल।।

भावार्थ–सूत्र : हे सभासदो! कृष्ण के चरणों के प्रसाद से रुक्मिणी–हरण नाट समाप्त हुआ। यदि यहाँ कहीं थोड़ा–बहुत दोष रह गया हो, वह हरि के स्मरण से दूर हो जाए। कृष्ण के चरित्र की कथा जो साधुजन श्रद्धा से सुनते और कहते हैं, उन्हें हरि की कृपा मिले। हे लोगो! देखिए भाट के मुख से रुक्मिणी कृष्ण के रूप–गुण की कथा सुनकर कृष्ण के चरणों में केवल श्रद्धा करती है। भक्तों के भगवान परम कृपालु कृष्ण ने उसके वशीभूत होकर उसे गृहिणी बनाया। हरि भक्ति की महिमा का क्या कहें! इसीलिए कृष्ण के चरणों में मन लगाकर निरन्तर हरि का नाम स्मरण करते रहिए।

अथ भट्टिमा ।। मांगलं बक्तब्यं : मुक्तिमंगलम् ।।

जय जय जगत जनक यदुदेव।
पदपंकजरज अज करु सेव।।
जोहि हरल रुकमिनि करु मान।
सोहि करतु नित्य मुकुति बिधान।।1।।

हरसे नाचए हर जाकेरि आग।
गरुड़क पेखि पलावत नाग।।
खचल बाघाम्बर बृषभ उजार।
सोहि करतु नित्य मुकुति तोहार।।2।।

जोहि जलधि मह बांधल सेतु।
राकस रावन मारन हेतु।।
भिता भकता सीता करु त्रान।
सोहि करतु नित्य मुकुति बिधान।।3।।

अघ बक केसि कंस जिटो आर।
दुष्ट अरिष्टक मोड़ल घार।।
पुतना सोषन चेतन प्रान।
सोहि करतु नित्य मुकुति बिधान।।4।।

ऋजु कुबुजि जो कयलि एकान्त।
कुबलय भिरि उपारल दान्त।।
कयल रंगसाले माल निरजान।
सोहि करतु नित्य मुकुति बिधान।।5।।

जोहि बिष ह्रदे बाहु आफालि।
करु कौतुक नृत्य कालि निकालि।।
गोकुल राखि बह्नि करु पान।
सोहि करतु नित्य मुकुति बिधान।।6।।

श्रीराम राया भकति सुजान।
करावत कृष्ण नाट निरमान।।
रुकुनि हरन नाम परधान।
कृष्ण किंकर ओहि संकर भान।।7।।

सुना सुना साधु सभासद लोइ।
मूरुखक दोष धरबि नाहि मोइ।।
हृदि माधव जोहि मति दिला।
सोहि अनुरूप करलु हरि लिला।।8।।

जाहे जाहिते इचा बैकुण्ठक बाट।
सुना सावधान कयो कृष्ण नाट।।
परम बन्धु हरि चरित्र बिनाइ।
नाहि नाहि गति कलित लोकाइ।।9।।

अबहु नाहि बुझि सास्त्रक मर्म्म।
नामत शरन लेहु सब धर्म्म।।
कलिमल मोचन परम हरिनाम।
जानि सबहि नर बोल राम राम।।10।।

भावार्थ–भटिमा : जगत के जनक यदुदेव की जय हो। आपके पद–पंकजों की धूल की सेवा करता हूँ जिन्होंने रुक्मिणी का हरण कर सम्मान दिया, वे ही नित्य मुक्ति के विधान करने वाले हैं। जिनके सामने हम हर्ष में नाचते हैं, जिनके गरुड़ को देखकर नाग भाग जाता है, जो बाघाम्बर वस्त्र पहनकर चमकते रहते हैं, वे ही आपकी नित्य मुक्ति करने वाले हैं। जिन्होंने राक्षस रावण को मारने के लिए सागर के बीच सेतु को बाँधा, भयग्रस्त भक्तिन सीता का उद्धार किया, वे ही नित्य मुक्ति का विधान करते हैं। अघ, बक, केशी, कंस आदि जितने भी दुष्ट शत्रु थे सबको आपने मार डाला। जिन्होंने पुनता के प्राणों का शोषण किया था, वे ही नित्य मुक्ति का विधान करते हैं। कुब्बजा को जिन्होंने अत्यन्त सुन्दरी बनाया, कुवलय से भिड़कर जिन्होंने उसका दाँत उखाड़ फेंका, रंगशाला में मल्लवीर को मारा था, वे ही नित्य मुक्ति का विधान करते हैं। जिन्होंने कालिन्दी में रहने वाले विषधर कालिया नाग ने बाहर निकाला था और उसके फन पर मनोरम नृत्य किया था, अग्नि का पान कर गोकुल की रक्षा की थी, वे ही नित्य मुक्ति का विधान करते हैं। श्रीरामराय ने कृष्ण नाट का निर्माण करवाया है। यह रुक्मिणी–हरण नाट है, कृष्ण का किंकर उसका गान कर रहा है। हे साधु सभासदो! सुनिए, सुनिए। मैं मूर्ख हूँ, इसीलिए मेरे दोषों पर ध्यान न दीजिए। माधव ने मेरे हृदय में जो भी मति दी,

उसके अनुरूप हरि की लीला का गुणगान किया। जिनकी भी वैकुण्ठ के मार्ग पर चलने की इच्छा है, वे सावधानी से कृष्ण का नाट सुनिए। परम बन्धु हरि के चरित्र के बिना हे लोगो! कलियुग में और दूसरी गति नहीं है। अगर शास्त्र का मर्म नहीं समझते हैं, तो हरि नाम की शरण में आइए। वही सब धर्मों का मूल है। हरि का नाम कलियुग के पापों का मन्थन करता है। यह जानते हुए सभी मनुष्य हरि का नाम स्मरण करें।

।। इति रुक्मिनी–हरण नाट समाप्त।।

भावार्थ : रुक्मिणी–हरण नाट समाप्त होता है।

ग्रन्थ-सूची

मूल ग्रन्थ

मेधि, कालीराम (सम्पा), अंकावली, प्रथम, गुवाहटी, लयार्स, बुक स्टाल, 1997

सन्दर्भ ग्रन्थ

गोस्वामी, नारायण चन्द्र, *ब्रजावलि भाषार व्याकरण आरु अभिधान*, द्वितीय, गुवाहाटी, लयार्स, बुक स्टाल, 2000

तालुकदार, कलिता शुभश्री (सम्पा.), *रुक्मिणी–हरण नाट*, प्रथम, गुवाहाटी, चन्द्र प्रकाश, 2013

व्यासदेव, *श्रीमद्‌भागवत–महापुराण (प्रथम–खण्ड)*, गीता प्रेस, गोरखपुर

व्यासदेव, *श्रीमद्‌भागवत–महापुराण (द्वितीय–खण्ड)*, गीता प्रेस, गोरखपुर

शइकीया नगेन, *बिषय शंकरदेव*, प्रथम, गुवाहाटी, कौस्तुभ प्रकाशन, 2011

शर्गा नवीन चन्द्र, *महापुरुष श्रीमन्त शंकरदेव*, प्रथम, डिब्रुगढ़, बनलता, 2014

शर्मा सत्येन्द्रनाथ, *असमीया साहित्यर समीक्षात्मक इतिवृत्त*, गुवाहाटी, सौमार प्रकाश, 2009

हाजरिका, सूर्य (सम्पादन), *श्रीमन्त शंकरदेव बाक्यामृत*, प्रथम, गुवाहाटी, बाणी मन्दिर, 2014

परिशिष्ट

शंकरदेव का चित्र

नामघर

रुक्मिणी–हरण नाट में शिशुपाल

बरपेटा सत्र